Coleção Eu gosto m@is

HISTÓRIA E GEOGRAFIA

CÉLIA PASSOS & ZENEIDE SILVA

5ª edição
São Paulo
2022

4º ANO
ENSINO FUNDAMENTAL

IBEP

Coleção Eu Gosto M@is
História/Geografia 4º ano
© IBEP, 2022

Diretor superintendente	Jorge Yunes
Diretora adjunta editorial	Célia de Assis
Coordenadora editorial	Viviane Mendes
Editores	Adriane Gozzo e Soaria Willnauer
Assistente editorial	Isabella Mouzinho, Patrícia Ruiz e Stephanie Paparella
Revisores	Daniela Pita, Mauro Barros e Pamela P. Cabral da Silva
Secretaria editorial e processos	Elza Mizue Hata Fujihara
Departamento de arte	Aline Benitez e Gisele Gonçalves
Iconografia	Daniella Venerando
Ilustração	Vanessa Alexandre, José Luis Juhas, Dawidson França Luis Moura, Carlos Henrique da Silva e Dawidson França
Assistente de produção gráfica	Marcelo Ribeiro
Projeto gráfico e capa	Departamento de Arte - Ibep
Ilustração da capa	Gisele Libutti
Diagramação	N-Public

DADOS INTERNACIONAIS DE CATALOGAÇÃO NA PUBLICAÇÃO (CIP) DE ACORDO COM ISBD

P289e

Passos, Célia
   Eu gosto m@is: História e Geografia / Célia Passos, Zeneide Silva. – 5. ed. – São Paulo : IBEP – Instituto Brasileiro de Edições Pedagógicas, 2022.
   240 p. ; 20,5cm x 27,5cm. – (Eu gosto m@is)

   Inclui bibliografia.
   ISBN: 978-65-5696-280-1 (aluno)
   ISBN: 978-65-5696-281-8 (professor)

   1. Ensino fundamental. 2. Livro didático. 3. História. 4. Geografia. I. Silva, Zeneide. II. Título. III. Série.

2022-3002	CDD 372.2
	CDU 372.4

Elaborado por Vagner Rodolfo da Silva – CRB-8/9410

Índice para catálogo sistemático:
1. Ensino fundamental : Livro didático 372.2
2. Ensino fundamental : Livro didático 372.4

5ª edição – São Paulo – 2022
Todos os direitos reservados

IBEP

Rua Gomes de Carvalho, 1306, 11º andar, Vila Olímpia
São Paulo - SP - 04547-005 - Brasil - Tel.: (11) 2799-7799
www.editoraibep.com.br

Gráfica Impress - Outubro 2022

APRESENTAÇÃO

Querido aluno, querida aluna,

Ao elaborar esta coleção pensamos muito em vocês.

Queremos que esta obra possa acompanhá-los em seu processo de aprendizagem pelo conteúdo atualizado e estimulante que apresenta e pelas propostas de atividades interessantes e bem ilustradas.

Nosso objetivo é que as lições e as atividades possam fazer vocês ampliarem seus conhecimentos e suas habilidades nessa fase de desenvolvimento da vida escolar.

Por meio do conhecimento, podemos contribuir para a construção de uma sociedade mais justa e fraterna: esse é também nosso objetivo ao elaborar esta coleção.

Um grande abraço,

As autoras

SUMÁRIO

PÁGINA

1 História 5

2 Geografia 131

Coleção Eu gosto m@is

HISTÓRIA

CÉLIA PASSOS

Cursou Pedagogia na Faculdade de Ciências Humanas de Olinda – PE, com licenciaturas em Educação Especial e Orientação Educacional. Professora do Ensino Fundamental e Médio (Magistério) e coordenadora escolar de 1978 a 1990.

ZENEIDE SILVA

Cursou Pedagogia na Universidade Católica de Pernambuco, com licenciatura em Supervisão Escolar. Pós-graduada em Literatura Infantil. Mestra em Formação de Educador pela Universidade Isla, Vila de Nova Gaia, Portugal. Assessora Pedagógica, professora do Ensino Fundamental e supervisora escolar desde 1986.

LIZETE MERCADANTE MACHADO

Formada em História pela Faculdade de Filosofia, Ciências e Letras de São José dos Campos, com mestrado em História do Brasil pela Universidade de Campinas (Unicamp), trabalhou no magistério por mais de 15 anos, em escolas particulares e públicas da educação básica. Vem atuando na área editorial por cerca de 40 anos, como editora de obras didáticas, de ficção e não ficção em diversas empresas do ramo do livro. É autora e colaboradora de obras didáticas e paradidáticas, além de editora de coleções para programas de governo e mercado privado.

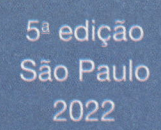

5ª edição
São Paulo
2022

4º ANO
ENSINO FUNDAMENTAL

IBEP

SUMÁRIO

LIÇÃO — **PÁGINA**

1 **O mundo de antigamente** 8
- A descoberta do fogo 8
- O controle do fogo 9
- Tudo começou na África 9
- Da África para o mundo 10
- O surgimento da pecuária e da agricultura .. 11
- Povos nômades e povos sedentários 13
- A jovem Luzia 19

2 **As primeiras cidades** 21
- Uma cidade muito antiga 21
- Surgiram povoados, aldeias e cidades 22
- As primeiras cidades do mundo 23
- As moradias, as ferramentas, as vestimentas: tudo evoluiu 23
- Técnicas agrícolas e ferramentas 24
- O comércio 25
- A divisão do trabalho 25
- A invenção da escrita 28
- Caral, a mais antiga civilização da América 32

3 **Os primeiros habitantes do Brasil** 34
- Pinturas feitas milhares de anos atrás 34
- Havia inúmeros povos indígenas 35
- Há várias maneiras de estudar os primeiros habitantes do Brasil 36
- Os indígenas que os portugueses encontraram 37
- Descendentes dos povos nativos hoje 40
- O encontro entre os povos indígenas e os europeus 41
- Os povos indígenas influenciaram a cultura brasileira 44

4 **A aventura dos navegadores portugueses** 46
- Os portugueses chegaram ao território 46
- A expansão marítima e comercial portuguesa 47
- A época das Grandes Navegações 48
- A chegada dos portugueses ao Brasil 51
- O nome do nosso continente 56

LIÇÃO		PÁGINA

5 **Os povos africanos no Brasil** 58
- Trabalhadores no passado e no presente 58
- A escravidão dos povos africanos 59
- Os escravizados vinham de várias regiões da África 60
- Os europeus se interessaram pela compra de escravos 61
- Os escravizados lutaram contra a escravidão . 61
- Influências africanas no modo de vida brasileiro 62
- A resistência nos quilombos 68

6 **Brasil, a colônia portuguesa na América** 70
- Os portugueses exploraram as riquezas da terra 70
- Dom João III decidiu colonizar o território 76
- Era muita terra para administrar 77
- O açúcar era produzido nos engenhos 77
- Atividades de subsistência: pecuária e agricultura 79
- A descoberta de ouro no Brasil 80
- A beleza das cidades mineiras 84

7 **A formação do Brasil** 86
- A Europa no início de 1800 86
- A vinda da família real para o Brasil 87
- A colônia foi elevada a Reino Unido 87
- Dom Pedro decidiu permanecer no Brasil 90
- O Primeiro Reinado (1822 a 1831) 90
- O Brasil foi governado por regentes 93
- O Segundo Reinado (1840 a 1889) 95
- As leis abolicionistas 96
- Quanta gente nova no Rio de Janeiro! 100

8 **A formação do povo brasileiro** 102
- Um país de vários povos 102
- Os povos indígenas 103
- Os africanos escravizados 105
- Europeus e asiáticos no Brasil 108
- Uma dívida histórica com os afrodescendentes 120

9 **Datas comemorativas** 122
- Dia do Indígena 122
- Dia da Libertação dos Escravizados 123
- Dia do Imigrante 124
- Dia da Independência 125
- Dia da Cultura Brasileira 126
- Dia da Proclamação da República 128
- Dia Nacional da Consciência Negra 129

ADESIVOS 257

LIÇÃO 1
O MUNDO DE ANTIGAMENTE

A descoberta do fogo

Desde a origem, os seres humanos desenvolvem meios para se adaptar ao ambiente natural e, assim, garantir a sobrevivência. Dessa maneira, realizaram grandes descobertas, que mudaram completamente suas vidas. O **fogo** foi uma dessas descobertas.

- Descreva esta imagem para o professor e para seus colegas.

Modelo que representa o controle do fogo na Pré-História. Museu Nacional da História da Mongólia em Ulaanbaatar, Mongólia. Foto de 2009.

- Em sua opinião, o que ela representa?
- Como seria a vida do ser humano sem a descoberta do elemento que é retratado na imagem?

O controle do fogo

Uma das mais importantes descobertas dos primeiros grupos humanos foi o controle do fogo, isto é, como acendê-lo para usá-lo no cotidiano.

Até então, o ser humano só conseguia obter fogo por meio de algum fenômeno da natureza, como, por exemplo, um incêndio na mata causado por um raio.

Nessa época, por desconhecerem o princípio do fogo, nossos ancestrais eram obrigados a manter uma brasa sempre acesa. Desse modo, poderiam ter fogo quando necessário. E, se a brasa se apagasse, era preciso esperar que o fogo surgisse novamente, causado por outro raio.

Mas, provavelmente, em determinado momento da história, ao esfregarem uma pedra em outra para dar-lhes o formato de ponta de lanças ou de flechas, esses grupos humanos notaram que esse atrito produzia faíscas, as quais podiam incendiar a palha e a folha seca. Eles também perceberam que obtinham faíscas quando esfregavam um graveto em uma lasca de madeira.

Com isso, notaram que não era mais preciso esperar que um raio produzisse fogo, nem mesmo manter uma brasa acesa. Era preciso apenas manter sempre por perto pedras e gravetos que, ao serem postos em atrito, produziriam faíscas.

O controle do fogo foi muito importante para a sobrevivência dos nossos ancestrais. Isso porque as fogueiras, além de aquecer em períodos de frio, serviam para cozinhar alimentos, permitindo convervá-los por mais tempo. O fogo também era usado para espantar insetos e animais que, eventualmente, atacavam os acampamentos. Além disso, o fogo era bastante útil na iluminação das cavernas.

Controle e uso do fogo na Pré-História para iluminar uma caverna.

Tudo começou na África

De acordo com estudos desenvolvidos por pesquisadores que buscam entender a origem da humanidade, os primeiros seres humanos viveram no continente africano.

A família dos hominídeos foi muito provavelmente a que deu origem aos seres humanos atuais. Havia vários tipos de hominídeos, todos eles possuíam aparência já bem semelhante à dos seres humanos atuais. Eles andavam eretos, usavam armas para caçar e pescar, cozinhavam vários tipos de alimentos e eram **herbívoros** e **carnívoros**. Outra característica comprovada pelos estudos é que eles tinham o cérebro menor que o do ser humano moderno.

VOCABULÁRIO

herbívoro: que se alimenta de plantas ou de ervas.
carnívoro: que se alimenta de carne.

9

Segundo os pesquisadores, esses hominídeos, provavelmente, conseguiram se adaptar ao meio ambiente, mesmo quando ocorreram mudanças climáticas, porque já haviam desenvolvido habilidades como a de confeccionar ferramentas e controlar o fogo.

Não há consenso entre os cientistas para a causa do desaparecimento da espécie dos hominídeos – o mais provável é que, ao longo dos milhares de anos seguintes, tenham sofrido sucessivas adaptações, dando origem à família do *Homo sapiens sapiens*, à qual pertencemos.

De acordo com essa teoria, os primeiros seres humanos teriam vivido há aproximadamente 300 mil anos, na África. De lá passaram a migrar para outras áreas do globo terrestre: Europa, Ásia, Oceania e América. Porém, ainda não conhecemos com precisão como ocorreu esse processo migratório.

Os arqueólogos encontraram parte de um crânio e o maxilar inferior de um *Homo sapiens sapiens*, em uma região do Marrocos, no norte da África, em 2017. É, até o momento, o mais antigo ancestral do ser humano atual de que temos notícia – ele viveu há cerca de 300 mil anos.

Da África para o mundo

Mas como o ser humano ou *Homo sapiens sapiens* se espalhou pelo globo terrestre?

Isso aconteceu ao longo de milhares e milhares de anos. As pesquisas mostram que os grupos humanos enfrentaram muitas dificuldades nos primeiros milhares de anos em que viveram no continente africano. Passavam o tempo todo procurando alimentos e abrigo. Viviam nas savanas, com um clima muito seco. Alimentavam-se de raízes, frutos, animais que conseguiam caçar ou restos deixados por outros predadores.

Entre 80 000 e 10 500 anos atrás, a Terra sofreu mudanças de clima, por causa de um fenômeno chamado glaciação, que foi um esfriamento muito grande, a ponto de se formarem calotas de gelo em continentes, mares e rios. Isso afetou os seres humanos, obrigando-os a se deslocar para regiões onde se adaptassem melhor.

Assim começou a expansão do gênero *Homo sapiens sapiens* para fora do continente africano. Eles foram avançando rumo a novos ambientes, como bosques, pradarias, desertos, florestas temperadas. Em cada novo hábitat, tinham de se adaptar para sobreviver. Essa adaptação aconteceu até mesmo fisicamente, ou seja, o corpo humano teve de se modificar para que os *Homo sapiens sapiens* sobrevivessem. Foi assim que surgiram tantas diferenças físicas entre as pessoas, como as que existem hoje: alguns são loiros; outros, morenos; outros são negros; alguns têm olhos puxados; outros têm olhos bem redondos; certos grupos têm muitos pelos no corpo; outros quase não têm pelos.

As rotas de deslocamento dos primeiros grupos humanos se deram por terra (terrestres), por rios (fluviais) e pelos mares (marítimas).

Observe o mapa a seguir.

DESLOCAMENTO DOS *HOMO SAPIENS SAPIENS* A PARTIR DA ÁFRICA

MARIO YOSHIIDA

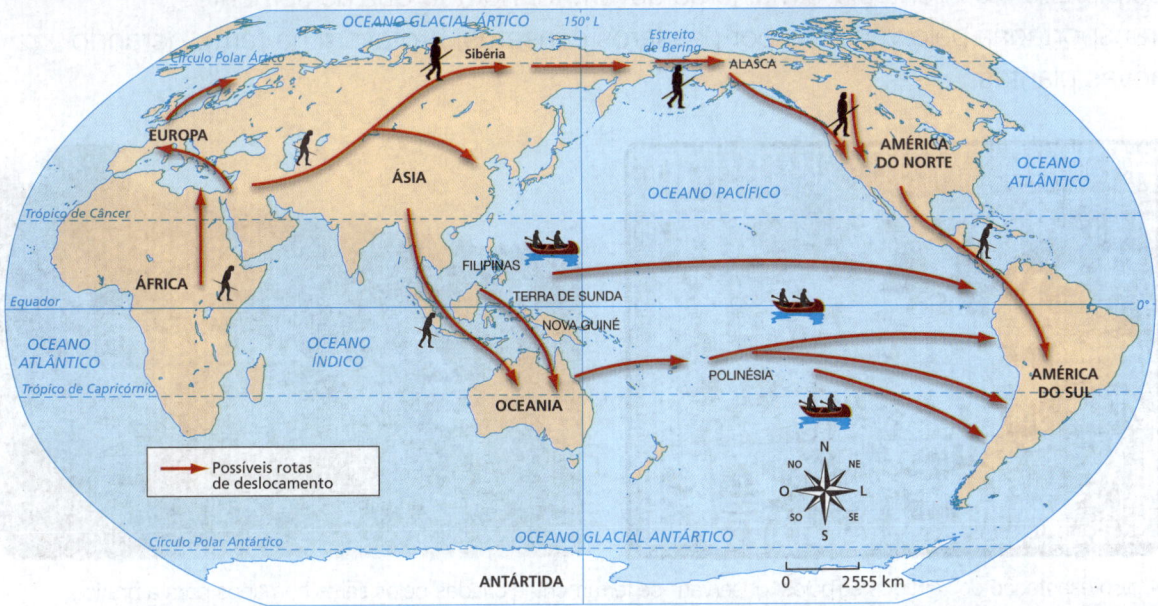

Fonte: NEVES, Walter; HUBBE, Mark. Os primeiros das Américas. In: *Nossa História*. Rio de Janeiro, n. 22, ago. 2005.

VOCABULÁRIO

savana: região de planície onde a vegetação é seca, composta de gramíneos e arbustos baixos, e o clima é quente.
hábitat: conjunto das condições apresentadas em um lugar no qual vivem os organismos vivos, inclusive os seres humanos.

O surgimento da pecuária e da agricultura

O surgimento da agricultura

Os pesquisadores acreditam que os primeiros grupos humanos costumavam dividir a tarefa de encontrar alimentos: os homens caçavam, usando ferramentas e armas feitas com osso, pedra e madeira, enquanto as mulheres coletavam frutos, raízes e folhas comestíveis e medicinais. Elas também faziam cestos de palha com os quais transportavam o que coletavam.

Com base nas pinturas encontradas em cavernas em várias partes do mundo, os pesquisadores supõem ainda que a divisão de tarefas entre mulheres e homens não era rígida, podendo variar em alguns grupos e em algumas localidades. De acordo com essa teoria, havia casos em que as mulheres caçavam, assim como os homens também coletavam plantas nas florestas.

É por isso que alguns estudiosos sugerem que tenham sido as mulheres as responsáveis pela descoberta da **agricultura**. Isso aconteceu exatamente porque elas passavam grande parte do tempo observando e conhecendo o comportamento de plantas e sementes. As mulheres devem ter notado que as sementes, transportadas pelo vento ou por pássaros e insetos, brotavam na terra, gerando novas plantas.

Na representação dos antigos egípcios, observam-se ferramentas criadas pelos seres humanos para a prática agrícola. *Cenas agrícolas* (1400-1390 a.C.), Tumba de Nakht, Tebas, Egito. Têmpera sobre papel, 169 cm × 226 cm. Na foto seguinte, mulheres dedicando-se ao reflorestamento, em Agudos, SP, 2021.

O surgimento da pecuária

Os pesquisadores acreditam que os seres humanos tenham iniciado a **pecuária** em um período posterior ao do domínio da **agricultura**. Ainda hoje é bastante comum agricultores que não praticam a criação de animais, mas se desconhece a existência de grupos de criadores que não possuam conhecimento da agricultura.

Os estudos indicam ainda que, provavelmente, tenham sido os animais que se aproximaram dos seres humanos. De acordo com isso, esse tipo de criação ocorreu inicialmente no Oriente Médio, em consequência de longos períodos de estiagem, quando os animais foram forçados a se aproximar de seus predadores – os seres humanos – em busca de água doce.

Acredita-se ainda que tenham sido os seres humanos a permitir que os animais pastassem nos campos já colhidos, utilizando os próprios animais na limpeza dos terrenos a serem preparados para o plantio.

Assim como ocorreu com a agricultura, os seres humanos estudaram o comportamento dos animais, afastando os predadores, como leões e lobos, e domesticando os mais dóceis, como os bois.

Inicialmente, todos os animais eram mantidos como reserva de caça, mas aos poucos os seres humanos adaptaram esses animais às suas necessidades. Ao longo do tempo, a agricultura e a pecuária se tornaram atividades complementares. Bois e cavalos passaram a ser utilizados para puxar arados e carroças, enquanto o esterco era utilizado como adubo.

Em um momento posterior, o couro também passou a ter grande importância no cotidiano dos seres humanos, sendo usado na confecção de vestimentas e recipientes para o transporte de sementes e ferramentas e na proteção das habitações. A lã e o pelo de alguns animais também se tornaram bastante úteis, principalmente em regiões mais frias. E esses produtos passaram a ser trocados por sementes e alimentos, tornando-se parte da economia daquele período.

Detalhe de um afresco da parede em tumba no Vale dos Reis, Egito. Foto de 2016.

No lugar onde você vive se pratica a pecuária? Que tipos de animais são criados?

Povos nômades e povos sedentários

A agricultura é considerada uma enorme revolução na vida dos seres humanos. Isso porque, além de poderem armazenar alimentos, eles também puderam permanecer em determinado local, deixando de ser **nômades**.

Até aquele momento, os nossos ancestrais viviam mudando de um lugar para outro, não podiam permanecer por muito tempo em um mesmo local, porque viviam em busca de alimentos.

Com a agricultura, eles puderam permanecer em um mesmo lugar por muito mais tempo, tornando-se **sedentários**, palavra que significa "fixos em um lugar".

Nem todos os grupos humanos tornaram-se sedentários ao mesmo tempo. Alguns são nômades ainda hoje, como os ciganos, que vivem em diversos países do mundo deslocando-se sempre de um local para outro; ou os beduínos, povos que vivem em regiões desérticas do norte da África ou do Oriente Médio.

Muitos dos nativos da América do Sul, encontrados pelos portugueses quando chegaram às terras que deram origem ao Brasil, eram seminômades. Eles viviam em um local durante certo tempo, depois se mudavam para outro, em busca de caça, pesca e outros recursos mais abundantes.

13

Acampamento cigano, Jaguaré, São Paulo, SP, 2014.

Obra retratando grupo de nativos brasileiros no meio da mata (1835), de Johann Moritz Rugendas. Litografia e aquarela sobre papel, 34,4 cm × 53 cm. Fundação Biblioteca Nacional, RJ.

ATIVIDADES

1 Vimos duas descobertas dos seres humanos que mudaram o modo de vida de nossos antepassados. Quais foram essas descobertas?

a) _____

b) _____

2 Qual é a diferença entre ser nômade e ser sedentário?

_____
_____
_____
_____

3 Os povos nômades só existiram no passado, há milhares de anos? Explique.

_____
_____
_____
_____

4 Marque com um **X** a afirmativa correta.

Os primeiros grupos de seres humanos, que eram nômades,

☐ moravam em cabanas e não se deslocavam de um lugar para outro.

☐ tinham de se mudar constantemente para procurar alimentos.

☐ plantavam diversos tipos de legumes e verduras e criavam porcos e gado.

☐ mantinham-se em um único lugar para poder colher tudo que crescia nas florestas.

5 Os estudiosos consideram que em alguns dos primeiros grupos humanos houvesse uma divisão de tarefas entre mulheres e homens. Marque **F** para falso e **V** para verdadeiro nas frases que falam sobre como se dava essa divisão de tarefas.

☐ Os homens dedicavam-se à plantação e as mulheres cozinhavam e cuidavam das crianças.

☐ De modo geral, homens caçavam e mulheres colhiam frutos e raízes, mas também podia ocorrer o inverso.

☐ A divisão de tarefas levava os homens a se dedicarem à coleta e às mulheres, à caça.

☐ Por causa da divisão de tarefas, talvez tenham sido as mulheres a descobrir a agricultura.

6 Escolha uma frase da atividade anterior para a qual você tenha marcado **F** e reescreva-a para que se torne verdadeira.

_____
_____
_____
_____

7 Por que a descoberta da agricultura levou os grupos humanos a se tornar sedentários?

_____
_____
_____
_____
_____

8 Atualmente, todos os povos do mundo são sedentários? Justifique.

_____
_____
_____
_____
_____

LEIA MAIS

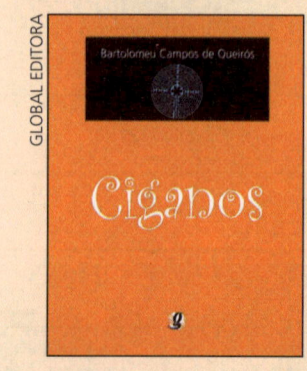

Ciganos

Bartolomeu Campos de Queirós. São Paulo: Global, 2004.

Esse livro conta a história de um menino que observa com medo e curiosidade a chegada de um grupo de ciganos à cidade.

EU GOSTO DE APRENDER

Leia os itens a seguir, que fazem um resumo do que foi estudado nesta lição.

- Uma das mais importantes descobertas dos primeiros grupos humanos foi o controle do fogo, isto é, como acendê-lo para usá-lo no cotidiano.

- Os primeiros grupos humanos utilizavam o fogo para se aquecer em períodos de frio, para cozinhar alimentos e os manterem por mais tempo, além de usar o fogo para espantar animais e insetos e iluminar as cavernas.

- De acordo com estudos desenvolvidos por pesquisadores que buscam entender a origem da humanidade, os primeiros seres humanos viveram no continente africano.

- A família dos hominídeos foi muito provavelmente a que deu origem aos seres humanos atuais.

- Os primeiros grupos humanos devem ter saído da África em direção às outras regiões em busca de melhores condições climáticas e de alimentos.

- Entre os primeiros grupos humanos havia a predominância de uma divisão de tarefas. Mulheres coletavam plantas e raízes, enquanto homens caçavam.

- Provavelmente foram as mulheres que descobriram a agricultura. Com ela, os seres humanos deixaram de ser nômades e se tornaram sedentários.

- Ao estudar o comportamento dos animais, os seres humanos conseguiram domesticá-los e desenvolveram a técnica da pecuária.

ATIVIDADES

1 Que nome damos à atividade de criar animais?

_____

2 Qual a importância de criar animais no período em que grupos humanos descobriram a agricultura? Qual a relação entre essas duas atividades?

_____
_____
_____
_____

3 Responda:

a) Por que o controle do fogo foi importante para a humanidade?

_____

_____

b) Como os primeiros grupos humanos nômades conseguiam alimentos?

_____

c) Por que a descoberta da agricultura foi importante para a humanidade?

_____

_____

4 Marque um **X** na resposta adequada.
Os estudos atuais comprovam que os seres humanos tiveram origem

☐ na Ásia. ☐ na África.

☐ na América. ☐ na Europa.

5 O que são povos nômades? Responda oralmente.

6 Atualmente ainda há povos nômades no mundo. Sublinhe a palavra no quadrinho que menciona um desses povos.

| europeus | beduínos | australianos |

7 Marque um **X** na resposta correta.
Um dos motivos para o ser humano ter se tornado sedentário foi:

☐ a descoberta do fogo. ☐ a busca por água e alimentos.

☐ a descoberta da agricultura. ☐ a saída dos seres humanos do continente africano.

EU GOSTO DE APRENDER MAIS

A jovem Luzia

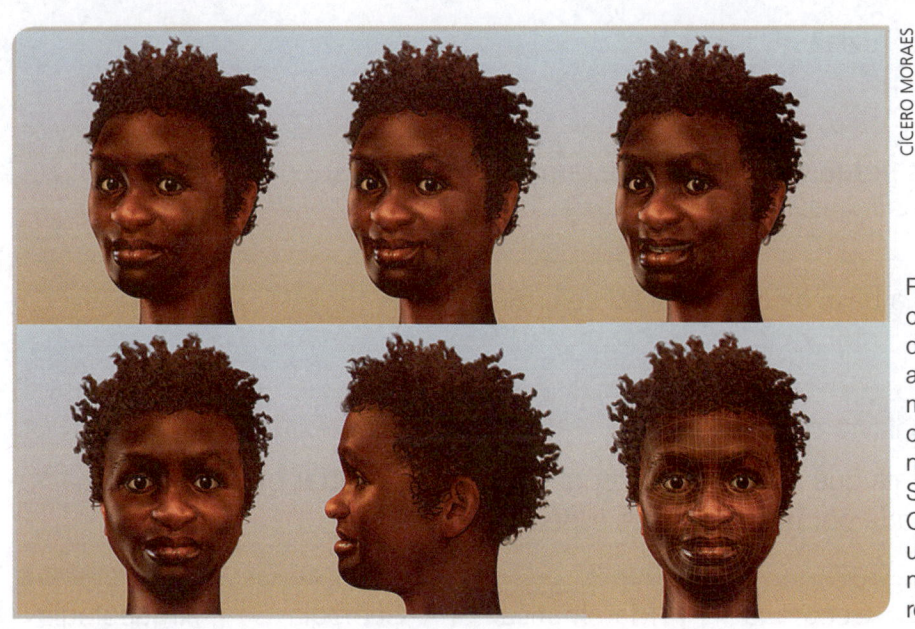

CÍCERO MORAES

Reconstituição feita em computador do rosto de Luzia, o fóssil mais antigo do Brasil, uma mulher que viveu há cerca de 12 mil anos na região de Lagoa Santa, Minas Gerais. O cabelo crespo é uma suposição, pois não se sabe como era realmente.

Nos anos 1970, uma expedição de **arqueólogos** encontrou uma gruta nas proximidades da cidade de Belo Horizonte, em Minas Gerais. Nesse local, chamado Lagoa Santa, os cientistas acharam um fóssil de ser humano: um crânio de mulher. Quando o analisaram, tiveram uma grande surpresa: esse crânio tinha cerca de 12 mil anos de idade! Era o mais antigo já encontrado na América!

O biólogo Walter Alves Neves batizou, então, essa mulher de Luzia, em homenagem a outro fóssil de mulher que havia sido encontrado na África e foi chamado de Lucy.

Em laboratório, com o uso de programas de computador, os pesquisadores reconstituíram a face de Luzia, para ter uma ideia de como ela se parecia. Chegaram à conclusão de que ela tinha traços semelhantes aos de muitos povos africanos daquela época, como a pele escura, por exemplo.

Pela análise dos ossos e de vestígios deixados na caverna, também concluíram que ela e seu grupo se alimentavam de folhas, frutas, raízes e, algumas vezes, carne.

VOCABULÁRIO

arqueólogo: pesquisador que atua na área da Arqueologia, uma ciência que estuda os vestígios de povos antigos.

19

ATIVIDADE

1 Agora responda:

a) Quem foi Luzia?

_____

b) Como os pesquisadores descobriram como era o rosto de Luzia?

_____

c) Qual era a base da alimentação de Luzia?

_____

d) Pinte a palavra correta.

O texto fala que a expedição responsável por encontrar o crânio de Luzia era formada por pesquisadores especializados em:

| História | Geografia | Matemática | Geologia | Arqueologia |

e) Qual teria sido o caminho percorrido pelos antepassados de Luzia até chegar ao território que hoje é o Brasil? Para responder, consulte o mapa da página 9.

_____

_____

f) Faça sua reconstituição de Luzia: desenhe como você acha que ela era, como se vestia, onde morava.

LIÇÃO 2 — AS PRIMEIRAS CIDADES

Uma cidade muito antiga

Na década de 1960, escavações arqueológicas mostraram que, cerca de 9 000 anos atrás, na região da atual Turquia, havia uma cidade chamada Çatal Huyuk.

Estudando os vestígios arqueológicos encontrados, os pesquisadores deduziram que essa cidade era o centro de uma cultura muito desenvolvida. Eles perceberam, por exemplo, que os habitantes de Çatal Huyuk moravam em casas feitas de tijolos de barro com lareira, forno e superfícies utilizadas, provavelmente, para os moradores se sentar, dormir e trabalhar.

Além disso, os habitantes de Çatal Huyuk seguiam alguma orientação religiosa, pois nessa cidade havia também um bairro no qual se localizavam santuários decorados com paredes coloridas. Os residentes se alimentavam de grãos, sementes e óleo de nozes que eles mesmos produziam.

Esta foto é uma reprodução da cidade Çatal Huyuk. A imagem foi feita no computador com base nos estudos realizados com os vestígios que foram encontrados na região em que se localizava Çatal Huyuk. Os pesquisadores acreditam que a entrada das casas se dava pelo teto. Os moradores precisavam usar escadas para chegar ao topo da casa e, depois, descer aos cômodos internos.

Você acha que os habitantes eram nômades ou sedentários?

Surgiram povoados, aldeias e cidades

Com a descoberta da agricultura e da pecuária e a fixação de alguns povos em determinadas localidades por períodos mais longos, uma nova transformação começou a ocorrer em algumas regiões do mundo: aos poucos, foram surgindo **povoados**, **aldeias** e, mais tarde, **cidades**.

Esses assentamentos permanentes ocorriam quase sempre nas proximidades de rios e lagos, facilitando a irrigação das lavouras, a retirada e o escoamento da água para o consumo humano e dos animais e o uso doméstico.

Os primeiros povoados começaram a se formar por volta de 12 mil anos atrás, e com eles surgiram também os primeiros avanços tecnológicos, como as ferramentas usadas na agricultura.

Além disso, os habitantes desses novos povoados passaram a viver de modo mais complexo, surgindo, por exemplo, uma nova variedade de atividades e trabalhos.

Isso aconteceu, principalmente, porque os avanços tecnológicos, como o arado puxado por animais, aumentaram a produtividade agrícola e ainda diminuíram a necessidade da força de trabalho humana, permitindo que os moradores desses povoados, vilas e cidades pudessem se dedicar a outras atividades, como a mineração, o artesanato e a construção de habitações.

Representação do cotidiano de uma vila no Neolítico que mostra a divisão das atividades entre mulheres e homens.

As primeiras cidades do mundo

As primeiras cidades surgiram às margens de grandes rios, ainda hoje muito importantes. Observe o mapa a seguir.

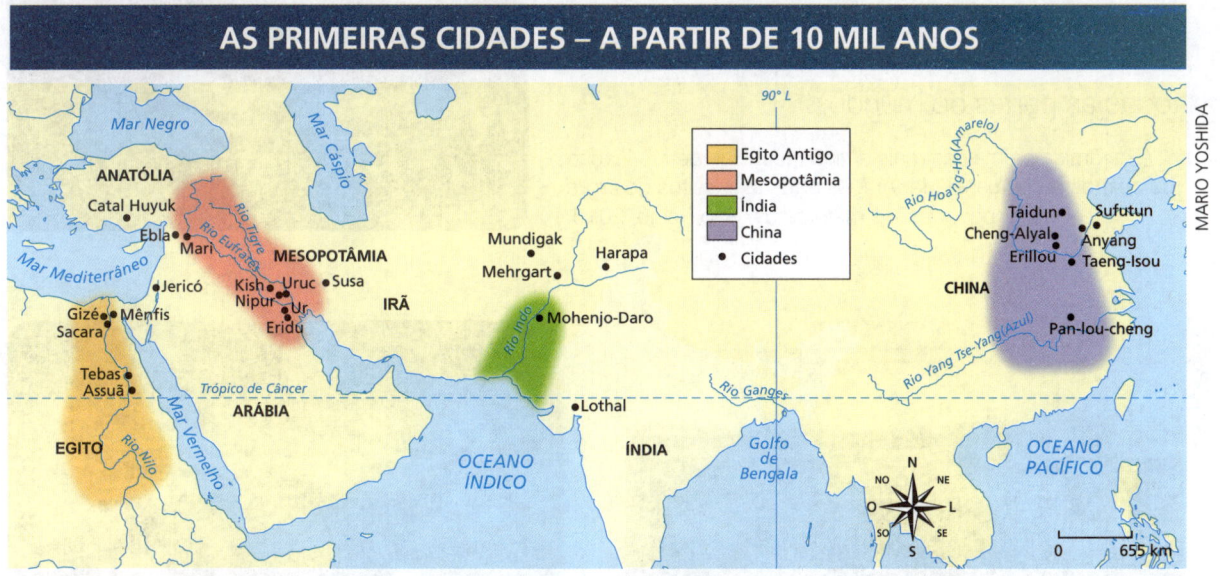

AS PRIMEIRAS CIDADES – A PARTIR DE 10 MIL ANOS

Fonte: ARRUDA, José Jobson de A. *Atlas histórico básico*. 17 ed. São Paulo: Ática, 2007. p. 6

O mapa indica que as primeiras cidades nasceram há 10 mil anos, em quatro diferentes regiões do mundo: no Egito (norte da África), na Mesopotâmia (atual Iraque, no Oriente Médio), na Índia (sul da Ásia) e na China (no leste da Ásia).

A partir do mapa, é possível notar também que esses povos, que viviam em regiões distantes umas das outras, desenvolveram, mais ou menos no mesmo período, hábitos e costumes em comum. Eles habitavam terras **ribeirinhas**, praticavam a agricultura e a pecuária e viviam em cidades.

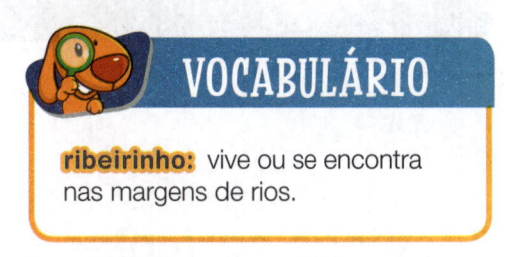

VOCABULÁRIO

ribeirinho: vive ou se encontra nas margens de rios.

As moradias, as ferramentas, as vestimentas: tudo evoluiu

Aos poucos, os moradores desses povoados, dessas vilas e dessas cidades foram desenvolvendo novas técnicas de construção de moradias, de fabricação de tecidos, de confecção de cerâmica e de vestimentas.

A cerâmica era usada para diferentes fins, como a produção de utensílios para preparo e estoque de alimentos, construção de fornos e também decoração dos santuários.

As moradias, de início simples abrigos de folhas, galhos e madeira, também evoluíram ao longo do tempo. Passou-se a usar adobe (mistura de barro com folhas), pedras e tijolos. No começo tinham o formato redondo ou quadrado, geralmente um cômodo único onde todos dormiam, cozinhavam e se abrigavam do frio e do ataque de animais. Com o tempo, as moradias foram se tornando maiores.

Ao longo da história, cada sociedade desenvolveu a própria técnica de construção arquitetônica. Essa variedade pode ser verificada nas descobertas arqueológicas em todas as partes do mundo.

A cerâmica é uma das mais antigas técnicas de fabricação de objetos da humanidade. Artigos artesanais feitos de argila por artesãos marajoaras, São Paulo, 2018.

O Templo Mãos Cruzadas é o símbolo de uma civilização milenar baseada em Kotosh, Huánuco, Peru, 2016.

Dólmen, monumento antigo da era neolítica. Estruturas megalíticas na Ilha de Vera, Lago Turgoyak, no sul dos Urais, Rússia, 2012.

Técnicas agrícolas e ferramentas

Para melhorar a produção agrícola, as técnicas e as ferramentas evoluíram muito rapidamente. Foram inventadas novas ferramentas, como arado, enxada, forquilha e foice.

Também houve a necessidade de desenvolver métodos para calcular as unidades dos produtos, contar a passagem do tempo, medir as cheias e **vazantes** dos rios, para entender melhor o comportamento da natureza, como a sucessão das estações do ano.

Era muito importante saber calcular e registrar as mudanças que ocorriam na natureza, pois disso dependia o sucesso das plantações, e, por consequência, a **abundância** ou **escassez** dos alimentos.

VOCABULÁRIO

vazante: período em que as águas de rio ou mar baixam, havendo um refluxo.
abundância: fartura, grande quantidade, maior do que se necessita.
escassez: falta, pequena quantidade, menor do que se necessita.

24

O desenvolvimento desses conhecimentos foi determinante para a progressão de ciências como a matemática e a astronomia.

Antigo Sistema Hidráulico Histórico de Shushtar, cidade localizada na província de Khuzestan, no Irã. Essa construção foi registrada na lista de Patrimônios Mundiais da Unesco em 2009.

O comércio

Com o desenvolvimento de novas técnicas e ferramentas agrícolas, houve um crescente aumento da produção agrícola. A abundância de alimentos permitiu a manutenção de um estoque e estimulou o surgimento de uma nova prática: o **comércio**.

Além da troca de produtos agrícolas entre habitantes de uma mesma vila ou cidade, passou a existir também a troca entre diferentes aldeias e cidades.

Nesse período, surgiram também as primeiras rotas de comércio entre povos distantes. O comércio a longa distância era na maior parte das vezes realizado por comerciantes nômades, que facilitavam a troca de mercadorias entre as diferentes vilas e cidades.

Muitas dessas vilas e cidades passaram também a servir como pontos de encontro entre mercadores e consumidores, transformando-se em centros urbanos com grande concentração de pessoas e atividades econômicas diversificadas.

A divisão do trabalho

Com o aparecimento de diferentes atividades, surgiu uma **divisão do trabalho**. Ou seja, enquanto algumas pessoas se dedicavam exclusivamente à agricultura, outras trabalhavam no comércio, alguns eram artesãos e havia também os soldados, que garantiam a segurança desses novos centros urbanos.

Com tantas atividades acontecendo ao mesmo tempo e tantas pessoas em movimento, foi necessário também o desenvolvimento de uma estrutura administrativa que mantivesse a ordem e o funcionamento dessas cidades. Tornou-se um costume entre essas novas sociedades que o chefe da família mais influente passasse a exercer as funções de líder político do lugar onde morava.

Reconstrução do Portão azul de Ishtar, entrada norte da cidade da Babilônia, uma das primeiras do mundo. Essa reconstrução encontra-se atualmente no Museu de Pérgamo em Berlim, na Alemanha. Foto de 2013.

ATIVIDADES

1 Como ocorreu o início de povoados, vilas e cidades no mundo?

_____
_____
_____
_____

2 Marque **F** para falso e **V** para verdadeiro.

☐ As primeiras cidades surgiram próximas a grandes rios.

☐ As aldeias surgiram em regiões de muita seca.

☐ A atividade mais importante nas primeiras aldeias e cidades era a agricultura.

☐ A agricultura ajudou a aumentar o conhecimento sobre a natureza.

26

3 Complete as frases a seguir.

a) As primeiras _____ do mundo surgiram nas _____ dos rios.

b) Elas surgiram há cerca de _____ anos, em diferentes regiões do mundo: _____, _____, _____, _____.

4 As primeiras moradias humanas foram construídas com quais materiais?
_____
_____

5 Por que os povos da Antiguidade preferiam viver próximos aos rios?
_____
_____
_____

6 Quais eram as desvantagens em viver tão próximo aos rios?
_____
_____
_____

7 Como surgiu a prática do comércio na Antiguidade?
_____
_____
_____
_____

8 Qual a atividade predominante em sua cidade: a agricultura ou o comércio?
_____

A invenção da escrita

Como você estudou até aqui, a vida nas vilas e nas cidades foi aos poucos se tornando mais complexa.

Com o aumento contínuo da população urbana, algumas atividades, como a cobrança de impostos e a contagem de mercadorias, precisavam de um controle maior. Para isso, começou-se a usar um sistema de registro gráfico, inicialmente baseado em desenhos, a que chamamos **sistema pictográfico** ou **hieróglifos**. Nesse sistema, desenhava-se, por exemplo, uma cabeça de boi para registrar o animal ou um ramo de trigo para representar o cereal.

Mas, aos poucos, esse sistema foi se tornando ineficiente, pois dificultava a expressão de quantidades ou de ideias. Os comerciantes se depararam com problemas para especificar as mercadorias vendidas. Por exemplo: Quantos bois foram comercializados? O líquido vendido era óleo ou mingau?

Na tentativa de aprimorar os registros, eles elaboraram símbolos que pudessem representar com mais precisão suas ideias e ações, facilitando ainda mais a transmissão das informações. Criaram representações ainda mais estilizadas para expressar melhor o que queriam dizer. Um jarro com um bico poderia sinalizar o líquido que estava dentro.

Mas, como esses símbolos foram se tornando cada vez mais complexos, poucas eram as pessoas que sabiam desenhá-los. Surgiu, então, uma nova atividade, a de **escriba**. O escriba era uma pessoa que conhecia todos os símbolos de seu povo, dominava tanto a técnica da leitura como da escrita. Logo, os escribas se tornaram pessoas muito influentes em suas comunidades. Funcionários públicos, os escribas recebiam muitas recompensas pelo trabalho que prestavam ao governo. Viviam em casas grandes e luxuosas, nos melhores bairros, alimentavam-se bem e poderiam até possuir escravos.

O desenvolvimento de sistemas de escrita ocorreu há cerca de 4 mil anos. Diferentes povos do mundo elaboraram sistemas próprios para registrar acontecimentos e compilar dados. Podemos citar os mesopotâmicos (no Oriente Médio), os egípcios (no norte da África) e os maias (na América do Norte).

Placa de argila com escrita cuneiforme de Nuzi, moderna Yorghan Tepe, Iraque.

Esculturas hieroglíficas nas paredes exteriores de um antigo templo egípcio, Egito.

Glifos maias antigos em Quirigua, Guatemala.

EU GOSTO DE APRENDER

Leia o resumo do que foi estudado nesta lição.

- A abundância de alimentos estimulou o aparecimento de novos tipos de trabalho e de uma estrutura administrativa mais complexa.
- As primeiras moradias humanas eram feitas de barro, madeira, galhos, folhas, adobe e pedra.
- As primeiras cidades foram fundadas às margens de grandes rios, na África e na Ásia.
- A intensificação de trocas de mercadorias entre diferentes povos estimulou o surgimento de rotas de comércio.
- O início da escrita estava bastante relacionado à necessidade de registrar dados do comércio.
- O sistema pictórico ou de hieróglifo foi o primeiro conjunto de sinais desenvolvido pelos seres humanos para registrar informações.
- O escriba era um funcionário público que conhecia perfeitamente o sistema de escrita de seu povo.

ATIVIDADES

1 O primeiro sistema de escrita ficou conhecido como:

☐ alfabético.

☐ pictográfico.

☐ estilístico.

☐ egípcio.

☐ abstrato.

☐ ideográfico.

2 Observe a imagem, leia a legenda e responda ao que se pede.

Hieróglifo egípcio datado de 1420-1411 a.C. O sistema de escrita utilizado no Egito Antigo era bastante complexo, por isso havia a necessidade de pessoas especializadas que dominavam as técnicas de escrita e leitura. Esse sistema era usado principalmente para registrar os documentos oficiais e a história dos reis.

a) Descreva a imagem.

_____

_____

b) A que povo essa pintura pertence?

_____

c) Com qual nome ficou conhecido o sistema de escrita usado naquele tempo?

_____

d) Como se chamava o profissional que aparece na pintura?

_____

e) Que transformação revolucionária na história está representada nessa imagem?

_____

3 Solte a imaginação e invente um miniconto sobre uma criança que viveu na Antiguidade. Use uma folha avulsa e ilustre seu trabalho com desenhos ou imagens pesquisadas na internet, em revistas ou em jornais. Para facilitar seu trabalho, use esta ficha como roteiro de trabalho:

a) Nome do personagem?

b) É menino ou menina?

c) Com quem morava?

d) Que alimentos ele consumia?

e) Como essa criança se vestia?

f) Como se divertia essa criança?

g) E o que a deixava aborrecida?

h) Quais as atividades praticadas pelos adultos que viviam próximos a essa criança?

i) Como registrava acontecimentos importantes?

j) Essa criança deixou vestígios de sua vida. Que vestígios?

k) Muito tempo depois, quem encontrou os vestígios dessa criança?

l) O que essa pessoa pode ter feito com esses vestígios?

LEIA MAIS

Descobrindo a arqueologia: o que os mortos podem nos contar sobre a vida?

Luiz Pezo Lanfranco, Cecília Petronilho e Sabine Eggers. São Paulo: Cortez, 2014.

Estudando como as pessoas lidavam com os mortos, você vai perceber que é possível descobrir muitas coisas sobre a vida dos povos antigos.

EU GOSTO DE APRENDER MAIS

Caral, a mais antiga civilização da América

Caral é reconhecida pelos arqueólogos como a mais antiga civilização do continente americano.

Esse povo viveu na região que compreende atualmente o Peru, há cerca de 5 mil anos. Os vestígios indicam que na capital de Caral tenham vivido de mil a 3 mil habitantes.

Caral existiu no mesmo período em que existiram outras civilizações antigas, como a mesopotâmica, a egípcia e a chinesa.

No local foram encontradas pirâmides em pedra, que provavelmente tenham sido construídas como túmulos para o sepultamento dos chefes políticos.

Os estudos indicam também que o povo que viveu em Caral não havia desenvolvido técnicas de canalização da água. Esta era transportada em cestos de folhas ou galhos entrelaçados.

Porém, os habitantes de Caral haviam desenvolvido técnicas de canalização do vento. Os pesquisadores deduziram isso com base nas ruínas das antigas moradias encontradas no sítio arqueológico de Caral. Nessas casas, há uma série de tubulações de pedra que conduzem o vento pelo interior da construção até pontos onde deveriam existir fornos ou fogões. A técnica permitia um controle maior do fogo, possibilitando, por exemplo, que as brasas não se apagassem e as habitações estivessem sempre aquecidas.

As ruínas de Caral foram declaradas pela Organização das Nações Unidas para a Educação, a Ciência e a Cultura (Unesco) como Patrimônio Cultural e Histórico da Humanidade e atualmente é um dos destinos turísticos mais importantes do Peru.

O antigo sítio arqueológico de Caral, perto de Supe, província de Barranca, Peru, 2016.

Ruínas antigas do templo do anfiteatro da civilização de Caral, Peru, 2015.

ATIVIDADES COMPLEMENTARES

1 Releia o texto da página anterior e responda ao que se pede.

a) Qual a civilização mais antiga encontrada na América?

_____

_____

b) A civilização de que o texto fala existiu onde hoje é qual país?

_____

_____

c) Segundo os estudos, as pessoas que viveram na região sabiam canalizar água? Explique.

_____

_____

_____

_____

d) Como as pessoas mantinham controle sobre o fogo, em suas moradias?

_____

_____

_____

_____

2 Quando surgiram as primeiras cidades?

_____

_____

LIÇÃO 3
OS PRIMEIROS HABITANTES DO BRASIL

Pinturas feitas milhares de anos atrás

Você sabia que damos o nome de pintura rupestre às pinturas feitas nas pedras, no interior das cavernas ou ao ar livre? Esta é a imagem de uma delas. Você já viu alguma dessas pinturas?

Pintura rupestre feita em caverna na Serra da Capivara, Piauí. Foto de 2010.

Não parece um grafite moderno, desses que são feitos em muros e paredes nas cidades? Entretanto, as pinturas rupestres têm milhares e milhares de anos e foram feitas pelos primeiros seres humanos.

Os desenhos da imagem acima foram feitos no Brasil, na região onde hoje é o estado do Piauí, em um lugar chamado Serra da Capivara. Lá, existem centenas de pinturas com mais de 20 mil anos de idade. Isso quer dizer que essas pinturas foram feitas pelos antepassados dos povos indígenas que viviam naquele local.

> Em sua opinião, por que os seres humanos daquela época faziam esses desenhos?

Havia inúmeros povos indígenas

Até o ano de 1500, o território que hoje pertence ao Brasil era habitado por povos nativos, ou seja, povos naturais dessa terra. Eram homens, mulheres, crianças e idosos que se dividiam em diferentes aldeias e **etnias**.

Alguns desses grupos compartilhavam o mesmo idioma e os mesmos hábitos e costumes. Os estudiosos que se dedicam a pesquisar as origens e as histórias das línguas acreditam que, na época em que os portugueses chegaram nas terras que hoje compreendem o Brasil, havia mais de mil línguas sendo faladas por mais de 2 milhões de pessoas.

Terra Brasilis (1519), mapa de Lopo Homem e Pedro Reinel. Além de representar o contorno geográfico, os autores representaram os indígenas, a fauna e a flora do território encontrado pelos portugueses.

VOCABULÁRIO

etnia: grupo de pessoas que compartilha hábitos, costumes e idioma.

- O que significa **nativo**?

_____
_____
_____
_____

Há várias maneiras de estudar os primeiros habitantes do Brasil

Como você estudou na página anterior, os primeiros habitantes do Brasil estavam divididos em vários grupos. Esses grupos tinham alguns costumes semelhantes e outros diferentes.

Uma semelhança é que todo o conhecimento e todas as histórias de um povo eram transmitidos por meio da oralidade. Ou seja, as gerações mais velhas contavam para as gerações mais novas todas as informações que conheciam. Isso acontecia porque esses povos não haviam desenvolvido um sistema de escrita. Então, para que as informações importantes não fossem esquecidas, era preciso contá-las.

Mas você deve estar se perguntando: como podemos estudar a história dos antigos povos indígenas do Brasil se eles não deixaram textos escritos, não é mesmo?

Um dos caminhos possíveis é a análise de vestígios deixados por eles. E são os arqueólogos que fazem esse trabalho. Esses vestígios são pedaços de armas ou de utensílios usados para armazenar alimentos ou transportar objetos, resquícios de habitações e túmulos, ossos humanos etc.

Também podemos entender um pouco mais sobre os povos que habitavam o Brasil no passado ouvindo as histórias preservadas por seus descendentes. Muitos costumes e modos de viver dos grupos que habitavam o território brasileiro há muito tempo ainda são conservados por seus descendentes, os indígenas brasileiros de hoje.

Esses costumes foram passados de geração em geração, há muitos séculos. Observe as imagens a seguir.

Menina da etnia Kalapalo da Aldeia Aiha lavando mandioca-brava ralada.

Meninos xavantes, entre 7 e 10 anos, sendo preparados para o ritual Oi'ó, cerimônia pública para o processo de iniciação. Aldeia Idzo Uhu, MT, 2010.

> Ainda hoje, muitos grupos indígenas do Brasil utilizam a oralidade para transmitir informações importantes.

Os indígenas que os portugueses encontraram

Quando os portugueses chegaram às terras que hoje formam o Brasil, já havia milhões de pessoas vivendo aqui. Eram povos diversos, mas com algumas semelhanças entre eles.

Os portugueses entraram em contato primeiro com povos que viviam no litoral, os Tupiniquins. Depois, ao longo de muitos anos, foram conhecendo outros grupos, como Guarani, Jê, Tucano etc.

Esses grupos tinham de semelhante práticas como a caça, a pesca, a coleta de frutos e raízes e a construção de aldeias com grandes casas.

A maioria era **seminômade**, isto é, permanecia durante um tempo em um lugar e depois se mudava para outros locais, com mais caça, rios e vegetação.

Alguns já praticavam a agricultura, plantando feijão, milho e mandioca. As diferenças entre esses grupos estavam no modo de se enfeitar, nas pinturas do corpo, no modo de construir as moradias, na linguagem, nas crenças e nos hábitos.

Veja no mapa a localização de diversos povos indígenas naquela época.

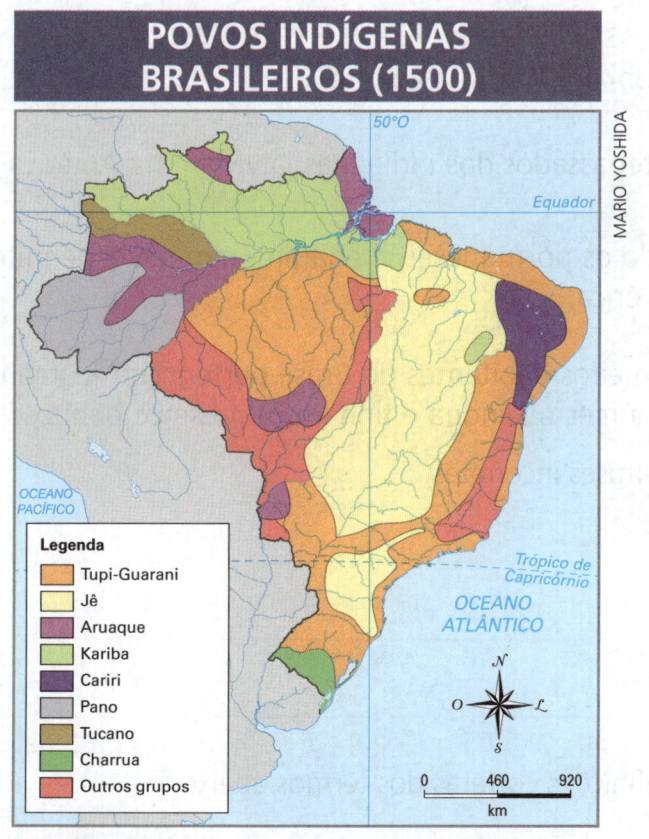

POVOS INDÍGENAS BRASILEIROS (1500)

Legenda:
- Tupi-Guarani
- Jê
- Aruaque
- Kariba
- Cariri
- Pano
- Tucano
- Charrua
- Outros grupos

Fonte: IBGE, 2018.

ATIVIDADES

1 Leia a pergunta a seguir, sobre os povos nativos do território que hoje chamamos de Brasil, e assinale com um **X** a resposta correta.

- Do que os povos nativos viviam por volta de 1500, quando os portugueses chegaram?

☐ Vendiam produtos fabricados por eles, como roupas e alimentos.

☐ Viviam da caça, da pesca e da coleta de materiais da natureza.

☐ Viviam da venda de artesanato.

☐ Alugavam suas moradias.

2 Leia as frases a seguir e responda ao que se pede.

a) Marque com um **X** a frase correta.

☐ Os antepassados dos indígenas já viviam na América há 20 mil anos.

☐ Quando os portugueses chegaram, não havia nenhum povo vivendo na América.

☐ Os primeiros habitantes do Brasil pertenciam a uma única etnia, falavam todos a mesma língua e tinham os mesmos hábitos.

b) Corrija as frases incorretas.

_____

_____

_____

3 Escreva as definições corretas dos termos abaixo.

a) Pintura rupestre: _____

b) Etnia: _____

c) Seminômade: _____

38

4 Observe as fotos a seguir. Depois, responda ao que se pede.

Quando os europeus chegaram ao Brasil, em 1500, surpreenderam-se com o modo como os nativos dormiam, estirados em redes feitas de palha. Ainda hoje é bastante comum que indígenas de diferentes etnias brasileiras durmam em redes. Atualmente, elas continuam sendo feitas de palha, mas podem ser feitas de fios de algodão também. Na foto, indígenas da etnia Yanomami, em sua aldeia, descansando em redes em acampamento, em Santa Isabel do Rio Negro, AM, 2017.

As etnias indígenas que vivem na região do Alto Xingu, no Mato Grosso, moram em grandes habitações coletivas. Entre essas etnias é comum que as casas sejam compartilhadas por várias gerações de uma mesma família. Na foto, oca em construção na Aldeia Piyulaga, da etnia Waurá ou Waujá — Parque Indígena do Xingu, Gaúcha do Norte, MT, 2013.

- Converse com o professor e os colegas sobre as seguintes questões:
a) Você já descansou em uma rede? Na sua casa tem rede?
b) A casa em que você mora foi construída do mesmo modo que a habitação indígena da segunda foto? Se não foi, quais foram as diferenças?

5 Sublinhe a frase correta sobre os povos indígenas na atualidade.

a) Muitos povos indígenas brasileiros mantêm hábitos e tradições de seus antepassados.

b) Todos os povos indígenas do Brasil usam redes e constroem casas chamadas ocas.

Descendentes dos povos nativos hoje

Desde 1500, com a chegada dos povos europeus ao território que atualmente corresponde ao Brasil, os habitantes nativos, que hoje chamamos de indígenas, sofreram uma redução enorme. Os que chegavam traziam doenças desconhecidas entre os nativos, para as quais não tinham resistência, como a gripe e o sarampo. Além disso, se apropriavam das terras indígenas e atacavam e escravizavam seus grupos.

Hoje, os grupos indígenas mais tradicionais ainda praticam muitos costumes dos nativos do passado, como a caça, a pesca e o cultivo de roças de subsistência.

Ainda hoje, é comum a divisão de tarefas entre homens e mulheres. Os homens caçam e pescam para obter alimento, enquanto às mulheres cabe cuidar da roça, onde plantam milho, mandioca, cará, batata-doce etc. A terra pertence a todos os habitantes da aldeia e não há diferenças entre as moradias.

O contato com sociedades de não indígenas também acabou levando à perda de muitas características mais tradicionais dos povos indígenas. Mas, apesar dessas perdas, há cerca de quarenta anos começou a ocorrer um aumento das populações indígenas no Brasil, com maior valorização dos seus costumes e hábitos culturais e mais respeito pelos seus modos de viver.

As crianças indígenas também gostam de se divertir com brincadeiras e brinquedos que elas mesmas constroem. Além de brincar no rio e nas áreas ao redor da aldeia, gostam de brincar de perna de pau e de futebol, por exemplo. Na foto, crianças da etnia Ingarikó brincam em cachoeira na Terra Indígena Raposa Serra do Sol, em Uiramutã, RR, 2017.

Atualmente, em quase todas as aldeias do Brasil, há uma escola indígena, na qual as crianças aprendem a contar, a ler e a escrever em português e também em suas línguas nativas. Na foto, crianças da etnia Kalapalo em sala de aula na aldeia Aiha, em Querência, MS, 2018.

40

O encontro entre os povos indígenas e os europeus

No início, os primeiros contatos entre europeus e povos indígenas foram pacíficos, principalmente porque os europeus negociavam com os nativos a troca de pau-brasil por objetos como machados, adornos, utensílios de metal etc.

Os indígenas derrubavam as árvores e as levavam para a praia, armazenando-as em **feitorias**, construções erguidas para esse fim. De lá, a madeira era embarcada nas caravelas.

Em algumas ocasiões, os europeus se aproveitavam das rivalidades já existentes entre os diferentes povos para conseguir fazer alianças com algum deles. Por exemplo, quando os franceses tentaram fundar uma colônia na região onde hoje é o Rio de Janeiro, contaram com o apoio dos Tupinambá, porque esses eram inimigos dos Tupiniquim, que apoiavam os portugueses.

Mais tarde, quando os europeus precisaram de trabalhadores para suas fazendas, como as de cana-de-açúcar, eles passaram a caçar indígenas para escravizá-los.

Nesta gravura, o artista observou a prática de escravização de indígenas no Brasil na época dos portugueses. "Negociante contando índios" (século XIX), ilustração do livro *Viagem pelo Brasil*, dos pesquisadores Spix e Martius. Obra disponível na Biblioteca Pública e Universitária de Neuchâtel, Suíça.

EU GOSTO DE APRENDER

Nesta lição, você estudou os seguintes itens:

- As pinturas rupestres foram feitas pelos primeiros grupos humanos.

- Os costumes e os modos de viver dos grupos que habitavam o território brasileiro no passado ainda são conservados por seus descendentes, os indígenas brasileiros de hoje.

- Quando os europeus chegaram nas terras que deram origem ao Brasil, os povos que aqui viviam eram seminômades, praticavam a pesca, a caça, a coleta e o cultivo de roças de subsistência.

- Os povos indígenas influenciaram muito a cultura brasileira, na língua, na culinária, nos costumes, nas festas, nas lendas etc.

- Os povos indígenas são diversos, e cada um tem a própria língua e seus costumes, mas todos têm algumas características comuns.

ATIVIDADES

1 O estudo dos primeiros habitantes de nosso continente pode ser feito com base em quais fontes históricas?

☐ Textos escritos em papel.

☐ Desenhos nas rochas de cavernas e montanhas.

☐ Tecidos enterrados com os mortos.

2 Os primeiros habitantes do continente americano chegaram há:

☐ 500 anos.

☐ mais de 20 mil anos.

☐ 1 000 anos.

3 Observe a foto a seguir.

Pintura rupestre encontrada em sítio arqueológico em Lagoa Santa, em Minas Gerais. Nessa região, também foram descobertos os vestígios de Luzia, o ser humano mais antigo encontrado no continente americano até o momento, que você estudou na Lição 1.

- Em dupla, decifre com seu colega o que os antigos habitantes das terras que deram origem ao Brasil procuraram dizer nessa imagem.

_____
_____

4 Entre os povos nativos, como as histórias e as informações importantes eram passadas de uma geração à outra? Justifique sua resposta.

_____
_____

5 A seguir, faça um desenho mostrando como viviam os primeiros habitantes das terras que hoje formam o Brasil.

43

EU GOSTO DE APRENDER MAIS

Os povos indígenas influenciaram a cultura brasileira

As populações indígenas, principalmente as que permaneceram nos locais onde os não indígenas se estabeleceram, tiveram uma enorme influência na cultura brasileira.

Elas se misturaram com os afrodescendentes, com os europeus e com os asiáticos que aqui chegaram e transmitiram seus conhecimentos, suas linguagens, seus hábitos e suas tradições. Confira alguns exemplos.

- Na **alimentação:** o hábito de consumir mandioca, milho, peixes, tapioca etc.
- Na **linguagem:** o uso de palavras, principalmente de origem tupi-guarani; nomes de frutos, locais e acidentes geográficos, como "mandioca", "abacaxi", "Caraguatatuba", "Pindamonhangaba", "Itararé", "Arapuã" etc.
- Nos **hábitos:** dormir em rede, tomar banho todos os dias etc.

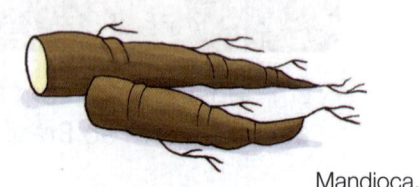

Mandioca.

Milho.

Tapioca.

ILUSTRAÇÕES: JOSÉ LUIS JUHAS

44

1 Associe corretamente.

A Influência na língua.

B Influência na culinária.

C Influência nos hábitos.

☐ Tomar banho todos os dias.

☐ Consumo de mandioca, milho e feijão.

☐ Palavras como "Guaratinguetá", "Tietê" e "Avanhandava".

2 Leia o texto a seguir:

Quando falamos de línguas indígenas, a primeira coisa que se pensa é que no Brasil todos os povos falam Tupi. Mas a diversidade de línguas indígenas no nosso país é enorme!

Nos dias de hoje, existem mais de 6 mil línguas diferentes em todo o mundo! Desse conjunto, mais de 154 línguas são faladas pelos povos indígenas no Brasil [...].

Mais do que servir para a comunicação, cada língua indígena revela uma forma diferente de ver e compreender o mundo. Ao descrever os objetos, as paisagens e as situações do cotidiano, as palavras expressam um modo de pensar construído por gerações e gerações de um povo: saberes únicos. Por isso, o desaparecimento de qualquer língua é uma perda para toda a humanidade.

Línguas. *Mirim Povos Indígenas Brasil*.
Disponível em: https://mirim.org/pt-br/lingua. Acesso em: 10 fev. 2022.

a) Qual o assunto do texto?
_____

b) Quantas línguas diferentes há no mundo?
_____

c) Quantas são as línguas indígenas existentes no Brasil?
_____

d) Segundo o texto, qual a importância das línguas indígenas? Responda oralmente.

LIÇÃO 4

A AVENTURA DOS NAVEGADORES PORTUGUESES

Os portugueses chegaram ao território

Em 1500, os portugueses chegaram ao território que hoje corresponde ao Brasil. Eles vieram de um lugar muito distante, a Europa, um continente localizado do outro lado do Atlântico, oceano que, naquela época, era pouco conhecido.

Além disso, não havia avião nem carro ou barco a motor. Para chegarem até aqui, os portugueses precisaram usar embarcações movidas pela força dos ventos, enfrentando grandes perigos, como ondas enormes, tempestades, sede e fome.

- Em sua opinião, por que os portugueses se interessaram pelo território que hoje forma o nosso país? Converse com os colegas e com o professor.

No século XV, a Europa tinha grande interesse pelos produtos que vinham do Oriente, de uma região conhecida como **Índias**. Esses produtos eram chamados **especiarias**. Eram produtos naturais usados como temperos, para a fabricação de remédios e corantes e para a conservação dos alimentos. São exemplos de especiarias: a canela, o gengibre, a noz-de-cola, o cravo, o açafrão, entre outros.

Para chegar às Índias, os europeus tinham duas opções: cruzar a Europa por terra ou navegar pelo Mar Mediterrâneo. Por terra, teriam de enfrentar os árabes, com quem viviam em guerra. No Mar Mediterrâneo, quem dominava a navegação eram os comerciantes italianos.

O comércio de especiarias era muito lucrativo e os portugueses tinham muito interesse em participar dele. Então, precisavam buscar outro caminho para chegar às Índias e encontrar as especiarias. Tentaram, por isso, navegar pelo Oceano Atlântico.

Pimenta, cravo, canela, erva-doce, entre outras, eram especiarias apreciadas pelos europeus e encontradas apenas no Oriente. Até hoje são usadas na **culinária** de diversos povos.

CHASSENET- KEYSTONE

VOCABULÁRIO

culinária: a arte de cozinhar; o modo de cozinhar de cada povo.

46

A expansão marítima e comercial portuguesa

O território português é banhado pelo Oceano Atlântico. No século XV, o reino de Portugal procurou aproveitar essa localização privilegiada para chegar ao seu destino, que era as Índias. Ninguém ainda havia feito esse caminho pelo Oceano Atlântico, mas os portugueses acreditavam poder atingir o Oriente por essa rota.

Além da posição geográfica favorável, outras condições facilitaram o interesse do reino de Portugal pelas navegações marítimas:
- os portugueses já se dedicavam à pesca e ao comércio no litoral e, portanto, já tinham experiência com navegação em alto-mar;
- em Portugal, havia muitos navegadores de várias partes do mundo. Eles trocavam experiências de navegação e contribuíram para o desenvolvimento e o aprimoramento dos instrumentos necessários para as viagens marítimas.

A tecnologia dos navegadores

A **bússola** e o **astrolábio** eram fundamentais para as navegações, pois permitiam aos viajantes se localizar por meio da posição dos astros e pelos registros feitos em mapas por outros marinheiros. O trabalho dos especialistas foi fundamental para o avanço das técnicas de navegação, para a maior precisão dos mapas e para o desenvolvimento de embarcações mais apropriadas às viagens oceânicas, entre elas a **caravela**.

A bússola foi inventada pelos chineses há mais de 2 mil anos. Nessa reprodução de uma antiga bússola chinesa, o ponteiro é uma "colher" cujo cabo sempre aponta para o sul.

O astrolábio foi um instrumento de navegação que se baseava na posição das estrelas. Na foto, um astrolábio persa do século XVIII.

As caravelas eram barcos leves, equipados com velas, movidas pelo vento, que tornaram as viagens em alto-mar mais rápidas e seguras. Réplica da caravela Vera Cruz, no Rio Tejo, Portugal, 2005.

A época das Grandes Navegações

A primeira das grandes viagens portuguesas aconteceu em 1415, quando eles chegaram ao Marrocos, no norte da África.

Em 1488, o navegador português Bartolomeu Dias atingiu o limite sul do continente africano ao chegar ao Cabo das Tormentas, último ponto desse continente. Esse cabo seria rebatizado depois como Cabo da Boa Esperança, nome dado porque essa descoberta mostrava que Portugal poderia chegar às Índias por esse caminho.

Em 1498, Vasco da Gama, enfim, confirmou a rota do contorno da África, chegando à cidade de Calicute, que hoje faz parte da atual Índia.

Pedro Álvares Cabral e sua esquadra, enviados para fazer comércio com as Índias, chegaram ao Brasil dois anos depois, em 1500.

Os descobrimentos marítimos espanhóis começaram em 1492, com a viagem de Cristóvão Colombo, um navegador genovês que trabalhava para a Espanha.

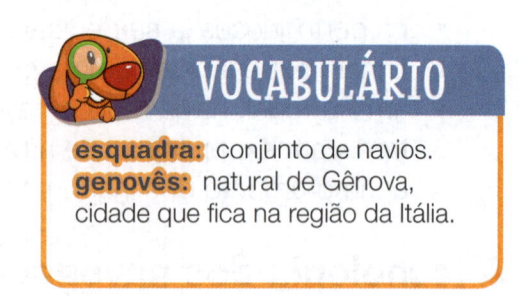

Quando chegou à América do Norte, em 1492, Cristóvão Colombo acreditava estar nas Índias. Por isso, chamou o povo que encontrou de "índio".

> **VOCABULÁRIO**
>
> **esquadra:** conjunto de navios.
> **genovês:** natural de Gênova, cidade que fica na região da Itália.

NAVEGAÇÕES PORTUGUESAS E ESPANHOLAS NO SÉCULO XV

Viagens marítimas:
- Bartolomeu Dias
- Vasco da Gama
- Pedro Álvares Cabral
- Cristóvão Colombo

Fonte: *Atlas histórico escolar*. Rio de Janeiro: FAE, 1991.

Portugueses e espanhóis iniciaram as navegações marítimas para descobrir novas rotas de comércio. Os dois reinos europeus voltaram-se para o Oceano Atlântico. Uma competição começou a acontecer em relação a essas rotas.

Portugueses e espanhóis assinaram um acordo

A descoberta das terras que hoje compreendem o continente americano e a procura de um caminho pelo mar até as Índias levaram portugueses e espanhóis a uma disputa crescente nas navegações.

Para evitar que essa disputa se tornasse mais grave, em 1494 foi assinado um acordo, chamado **Tratado de Tordesilhas**, que dividia os territórios já descobertos e os ainda por descobrir entre Portugal e Espanha.

O tratado estabelecia uma linha imaginária que dividia as descobertas feitas pelos dois países. As terras que ficavam a leste (à direita) desse meridiano pertenceriam a Portugal, e as que ficavam a oeste (à esquerda), à Espanha.

O Tratado de Tordesilhas pretendia acabar com os conflitos entre as duas potências marítimas da época. No entanto, outros países que não foram chamados a participar da partilha ignoraram o tratado e invadiram várias vezes os territórios portugueses e espanhóis na América.

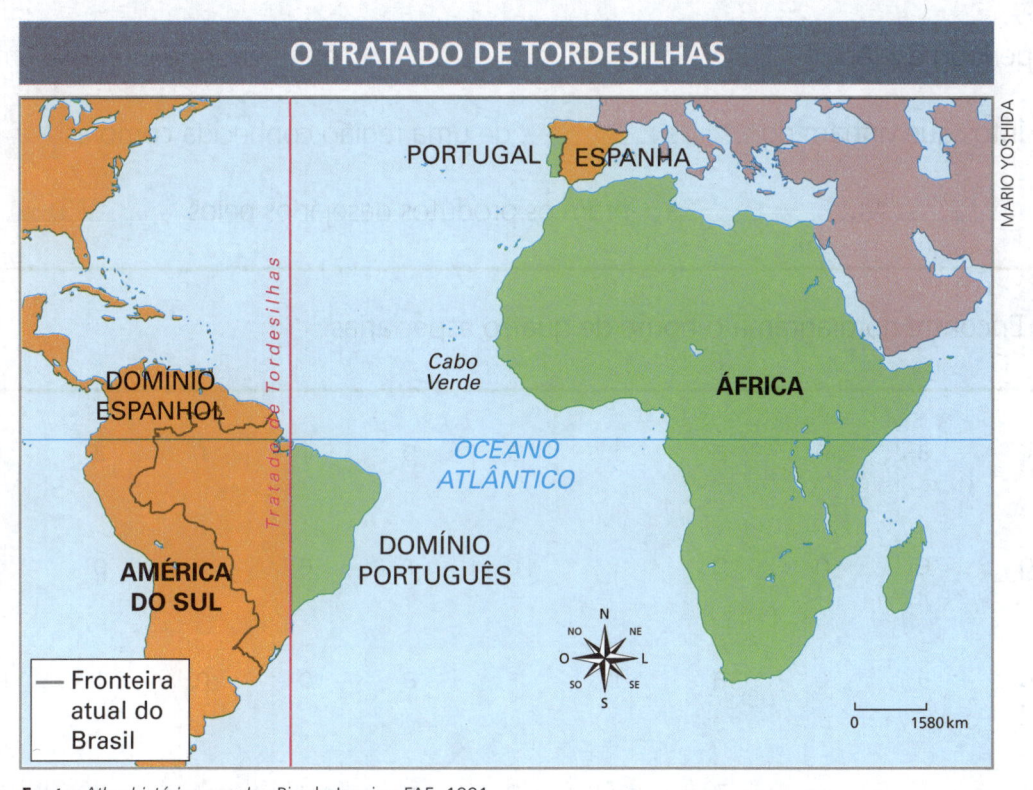

Fonte: *Atlas histórico escolar*. Rio de Janeiro: FAE, 1991.

ATIVIDADES

1 Quais condições favoreceram Portugal nas Grandes Navegações?

_____

_____

2 O que eram as especiarias?

_____

_____

_____

3 Complete a frase com as palavras do quadro.

| especiarias | Índias | Oriente | portugueses | XV | Europa |

No período do século _____, a _____ tinha enorme interesse em produtos que vinham do _____, de uma região conhecida como as _____. As _____ eram os produtos desejados pelos _____.

4 Encontre no diagrama o nome de quatro especiarias.

c	a	n	e	l	a	p	f	r	z	c
g	e	n	g	i	b	r	e	i	p	o
d	a	ç	a	f	r	ã	o	n	l	m
z	c	r	a	v	o	v	a	l	x	u

5 Houve muita competição pelas rotas marítimas no Oceano Atlântico, mas no final foi assinado um tratado entre os dois países que tinham dado início às navegações. Marque com um **X** quais foram esses países.

☐ França e Inglaterra. ☐ Portugal e Espanha.

☐ Holanda e Espanha. ☐ Portugal e Índias.

A chegada dos portugueses ao Brasil

Em 1500, Dom Manuel, rei de Portugal, preparou uma esquadra com 13 navios para ser comandada por Pedro Álvares Cabral com o objetivo de fazer uma viagem às Índias. Porém, essa esquadra devia, antes de seguir o caminho para as Índias, dirigir-se para oeste, ou seja, explorar mais o Oceano Atlântico. Eles esperavam encontrar terras nessa direção.

A esquadra de Cabral chegou ao Brasil e tomou posse das terras antes de prosseguir até o Oriente. Viajou aproximadamente 45 dias até chegar à nossa terra, no dia 22 de abril de 1500, no local que hoje corresponde ao estado da Bahia.

A viagem marítima que os portugueses realizaram em direção às Índias e alcançou o litoral brasileiro foi registrada por um escrivão, por um piloto e por um religioso. Graças a essas fontes, temos hoje descrições importantes sobre a viagem de Pedro Álvares Cabral e sua chegada às novas terras, do outro lado do Oceano Atlântico.

Na viagem de Cabral ao Brasil, o escrivão cuja função era relatar ao rei de Portugal as novidades encontradas por aqui era Pero Vaz de Caminha. Ele escreveu uma carta descrevendo a viagem, a chegada à nova terra e o encontro com um povo muito diferente dos portugueses.

Desembarque de Cabral em Porto Seguro (1922), de Oscar Pereira da Silva. Óleo sobre tela, 190 cm × 333 cm. Museu Paulista.

O encontro entre portugueses e nativos

Além da carta de Pero Vaz de Caminha ao rei português, o relato de um piloto anônimo da esquadra de Cabral também descreve os povos nativos do território encontrado.

Como são e como vivem os indígenas que encontramos

[...] De aspecto, esta gente são homens pardos, e andam nus sem vergonha e os seus cabelos são compridos. E têm a barba pelada. E as pálpebras dos olhos e por cima delas eram pintadas com figuras de cores brancas e pretas e azuis e vermelhas. Têm o lábio da boca, isto é, o de baixo, furado, e nos buracos metem um osso grande como um prego. E outros trazem uma pedra azul e verde e comprida dependurada dos ditos buracos. As mulheres andam do mesmo modo sem vergonha e são belas de corpo, os cabelos compridos. E as suas casas são de madeira coberta de folhas e de ramos de árvores com muitas colunas de madeira. [...]

Relação do piloto anônimo.
Disponível em: www.dominiopublico.gov.br. Acesso em: 10 fev. 2022.

Os portugueses deram nomes à terra que encontraram

O nome dado ao território encontrado pelos portugueses, Brasil, foi adotado depois de outros nomes: Ilha de Vera Cruz, Terra de Santa Cruz, Terra dos Papagaios... Brasil era o nome da madeira cor de "brasa" do **pau-brasil**, árvore nativa que existia em grande quantidade no litoral. Dessa madeira, extraía-se uma tinta de cor vermelha, muito valorizada comercialmente.

Durante alguns anos, a exploração de pau-brasil foi a principal fonte de riqueza dos portugueses no Brasil. Eles convenceram os indígenas a cortar a madeira e a transportá-la até os barcos. Em troca de seu trabalho, os indígenas recebiam alguns produtos trazidos pelos portugueses, como ferramentas, tecidos etc.

Como este povo corta e carrega o pau-brasil para os navios (1575), xilogravura que ilustra o livro de André Thevet, Paris.

52

ATIVIDADES

1 Assinale com um **X** as frases corretas.

☐ Um escrivão documentava as viagens marítimas que os portugueses realizavam.

☐ A esquadra comandada por Pedro Álvares Cabral chegou à nossa terra em 22 de maio de 1500.

☐ A esquadra de Cabral, com treze navios, tinha o objetivo de fazer uma viagem às Índias.

☐ Depois de tomar posse da terra, a esquadra de Cabral retornou imediatamente a Portugal.

☐ Na nova terra, os portugueses encontraram povos que lá viviam há milhares de anos.

2 Releia a descrição que o piloto anônimo fez dos indígenas encontrados pelos portugueses, na página anterior, e preencha a ficha.

Como são os homens: _____

_____

Como são as mulheres: _____

_____

Como se enfeitam: _____

_____

Como são as moradias: _____

_____

53

EU GOSTO DE APRENDER

Leia o que você estudou nesta lição.

- Interessados em participar do comércio de especiarias com as Índias, os portugueses se lançaram às navegações.
- O caminho que encontraram foi seguir ao sul pelo Oceano Atlântico e contornar a África em direção ao Oriente.
- A bússola, o astrolábio e a caravela foram fundamentais para as navegações.
- Pedro Álvares Cabral e sua esquadra, enviados para fazer comércio com as Índias, chegaram ao Brasil em 1500.
- Os espanhóis chegaram à América do Norte, em 1492, sob o comando de Cristóvão Colombo.
- Para resolver as disputas relacionadas às novas terras, portugueses e espanhóis assinaram o Tratado de Tordesilhas.
- Os portugueses deram vários nomes à terra que encontraram antes de adotarem o nome definitivo, relacionado à exploração do pau-brasil.

ATIVIDADES

1 Qual dos povos a seguir iniciou as Grandes Navegações? Marque com um **X** o quadradinho correspondente.

☐ Ingleses.   ☐ Espanhóis.   ☐ Portugueses.

2 Complete a ficha sobre o Tratado de Tordesilhas.

Países envolvidos: _____.

Ano em que foi assinado: _____.

O que decidia: _____
_____.

54

3 Observe o mapa político do Brasil e pinte o estado onde você mora.

BRASIL – POLÍTICO

Fonte: *Atlas geográfico escolar*. 4. ed. Rio de Janeiro: IBGE, 2007.

a) O Brasil atual é maior, igual ou menor que as terras que pertenciam a Portugal pelo Tratado de Tordesilhas?

_____

b) Em sua opinião, por que isso aconteceu?

_____
_____
_____

c) Conforme o Tratado de Tordesilhas, o estado onde você mora pertencia à Espanha ou a Portugal?

_____
_____
_____

55

EU GOSTO DE APRENDER MAIS

O nome do nosso continente

Você já parou para pensar que o nosso continente deveria se chamar Colômbia? Isso porque quem o descobriu foi o navegador Cristóvão Colombo, que navegava em nome da Espanha. Ele chegou a uma região da América do Norte em 1492, quando tentava encontrar um caminho que o levasse às Índias.

Colombo chega à América e é recebido pelos indígenas (1596), gravura de Theodore de Bry.

Por causa desse plano, Colombo acabou se enganando. Ele achou que já havia chegado às Índias e inclusive foi esse o motivo de ter chamado os nativos que encontrou de "índios".

Anos mais tarde, outro navegador, chamado Américo Vespúcio, que viveu de 1454 a 1512, pesquisou mais a fundo o território e acabou comprovando que se tratava de um novo continente, desconhecido dos europeus. Foi por isso que o batizaram de **América**.

Américo Vespúcio no Oceano Ártico, detalhe do mapa *Universalis Cosmographia* (1507), de Martin Waldseemüller.

56

ATIVIDADES COMPLEMENTARES

1 Qual é o assunto desse texto?

☐ O nome do país onde vivemos.

☐ O nome do continente em que se localiza o país onde vivemos.

☐ O nome que os indígenas deram ao território onde viviam antes da chegada dos europeus.

2 Qual foi a homenagem feita a Américo Vespúcio? Por quê?

_____

3 Qual foi o engano de Cristóvão Colombo?

_____

4 Em sua opinião, o nome "América" é justo ou deveria mesmo ser Colômbia? Justifique sua resposta.

_____

LEIA MAIS

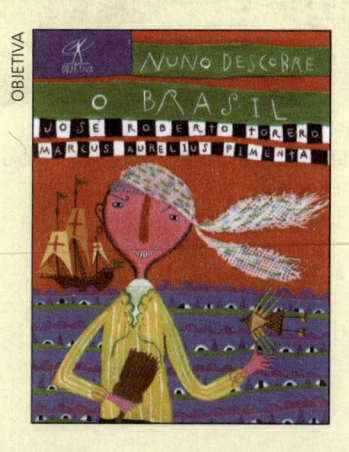

Nuno descobre o Brasil

José Roberto Torero. Rio de Janeiro: Objetiva, 2004.

Ao acompanhar as travessuras de Nuno, somos informados como Lisboa andava agitada naqueles idos de 1500; como recrutavam meninos para serem grumetes nas esquadras de Cabral; e, ainda, como era o cotidiano dentro de uma caravela. Já na nova terra, Nuno descobre uma nova língua e novos costumes.

57

LIÇÃO 5

OS POVOS AFRICANOS NO BRASIL

Trabalhadores no passado e no presente

Engenho manual que faz caldo de cana (1822), de Jean-Baptiste Debret. Aquarela sobre papel, 17,60 cm × 24,50 cm. Museus Castro Maya — IPHAN/MinC, Rio de Janeiro, RJ.

Dama em liteira carregada por escravos e suas acompanhantes (1776), de Carlos Julião. Aquarela colorida, 28 cm × 38,2 cm. Fundação Biblioteca Nacional, Rio de Janeiro.

Trabalhador instalando painéis de geração de energia solar em escola pública de Salvador, BA, 2022. Atualmente, os trabalhadores recebem salários pela prestação de seus serviços.

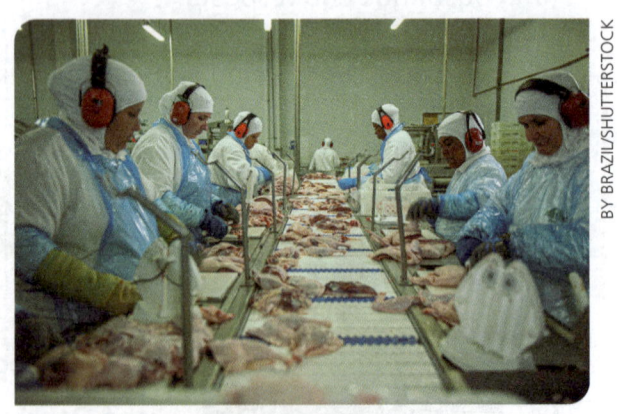

Funcionárias trabalhando em indústria de processamento de aves em Indaial, SC, 2012. Hoje, os trabalhadores têm direitos garantidos por lei.

- Observe as imagens acima. O que elas mostram?
- São cenas da mesma época? Quais são as diferenças entre elas?
- Qual é a relação entre essas imagens?
Converse com os colegas e com o professor.

A escravidão dos povos africanos

Como você estudou anteriormente, enquanto os portugueses tentavam descobrir uma rota marítima para as Índias, acabaram percorrendo toda a costa da África, até finalmente contornarem o continente e chegarem a Calicute, uma das cidades que pertencem atualmente à Índia.

Nessas inúmeras viagens, os navegadores portugueses aproveitavam para atracar seus navios e explorar os novos territórios.

A África, naquele tempo, era habitada por diferentes povos. Muitos desses povos estavam organizados em reinos e eram governados por reis que centralizavam o controle político e exerciam o domínio sobre importantes rotas comerciais de marfim, de metais e de pedras preciosas.

Naquele período, era bastante comum entre diversos povos africanos a prática da captura de cativos de guerra. Quando um reino saía vitorioso de uma batalha, por exemplo, lhe era permitido escravizar o adversário.

Os portugueses logo se apropriaram dessa prática e passaram a capturar escravizados na África para comercializá-los em Portugal. Lá, os escravizados realizavam tarefas domésticas nas casas da nobreza. Mas, além disso, esses escravizados também eram exibidos, ao lado de leões e outros animais africanos, em apresentações de entretenimento, que tinham como objetivo mostrar ao público europeu o quanto a África era um lugar exótico.

Quando os portugueses, enfim, passaram a explorar as terras recém-descobertas no continente americano, estabelecendo plantações de cana-de-açúcar, valeram-se do escravismo como forma de suprir a necessidade de trabalhadores nas fazendas, nas minas e nas vilas e cidades da colônia.

Os historiadores acreditam que, durante o período em que houve escravidão no Brasil, entraram no país cerca de 4,8 milhões de escravizados africanos. O comércio de escravizados ficou conhecido como tráfico negreiro.

MUSEU NACIONAL DE HISTÓRIA AMERICANA, ESTADOS UNIDOS

Reconstituição, chamada maquete, do interior de um navio negreiro. Note que os compartimentos em que ficavam os escravizados eram pequenos e mal ventilados; as pessoas praticamente ficavam empilhadas.

59

Os escravizados vinham de várias regiões da África

As pessoas escravizadas vinham de diversos pontos do continente africano e, por isso, tinham costumes, religiões e línguas diferentes. Elas pertenciam a vários povos. Observe no mapa a seguir onde eram embarcadas.

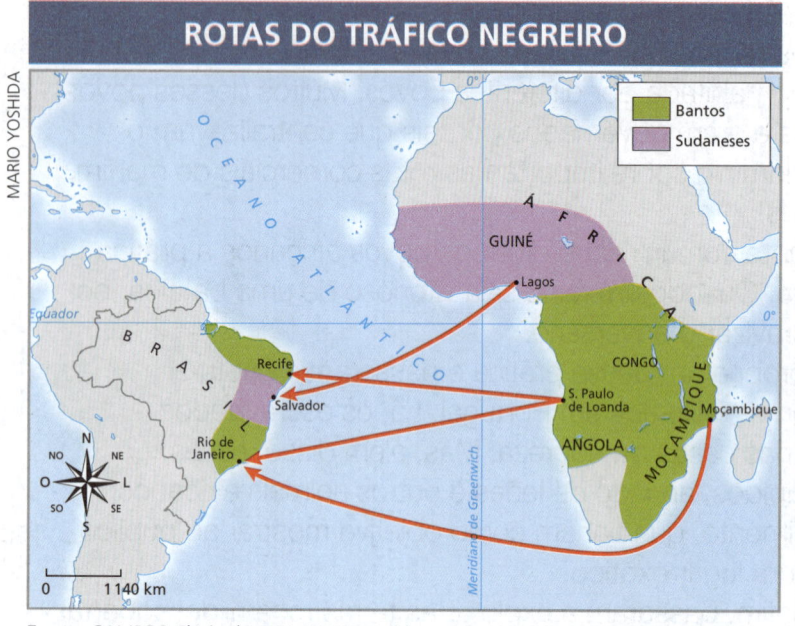

ROTAS DO TRÁFICO NEGREIRO

De modo geral, os povos africanos trazidos para o Brasil foram classificados como sudaneses e bantos. Os bantos eram grupos diversos que ocupavam os territórios que hoje formam os países Angola, Camarões, Congo, Guiné Equatorial e Moçambique. Os sudaneses são originários de Benin, Costa do Marfim, Gana, Mali, Nigéria e Togo.

Fonte: CAMPOS, Flávio de; DOLHNIKOFF, Miriam. *Atlas: história do Brasil*. São Paulo: Scipione, 1993.

Observe estas fotos feitas por volta de 1870, em Pernambuco. As pessoas mostradas são descendentes de vários povos da África, por isso apresentam diferenças físicas entre si. No Brasil, essas pessoas foram vendidas como escravizadas.

Retratos de escravizados em Pernambuco, por volta de 1870.

Os europeus se interessaram pela compra de escravos

Com o propósito de justificar o tráfico negreiro e a escravização dos povos africanos, os europeus desenvolveram várias teorias de caráter racista.

Essas teorias defendiam a superioridade da cultura europeia em relação às culturas dos povos estrangeiros.

Mesmo diante disso, os povos africanos resistiram bravamente às investidas dos europeus e à escravidão. Por isso, para evitar que as pessoas escravizadas organizassem revoltas, os traficantes as separavam, não permitindo que ficassem com as que falavam a mesma língua ou fossem do mesmo povo. Por isso, no Brasil, os recém-chegados não se entendiam, pois nem falavam a mesma língua.

Mercado de negros (1835), de Johann Moritz Rugendas. Litografia aquarelada, 38 cm × 54 cm. Fundação Biblioteca Nacional, Rio de Janeiro.

Os escravizados lutaram contra a escravidão

Mesmo separados de seus grupos, os escravizados reagiam contra o cativeiro. Eles lutavam de todas as formas possíveis: fugiam das fazendas, rebelavam-se contra os maus-tratos, não se dedicavam ao trabalho, porque nada do que produziam era deles. E procuravam conservar seus costumes, transmitindo seus conhecimentos para as crianças. Assim, as antigas culturas africanas foram sobrevivendo.

Quilombo de Palmares em Alagoas (ilustração de Seth). Os quilombos eram os locais para onde os escravizados fugiam.

Influências africanas no modo de vida brasileiro

Hoje, podemos identificar muitas influências de povos africanos em nosso modo de vida, em nossas crenças, na música, nas danças e na culinária. Observe.

- **Língua**: o português falado no Brasil tem uma imensa quantidade de palavras originadas das línguas africanas. Por exemplo: nenê, moleque, samba, batuque, canga, dengosa, marimbondo etc.
- **Música e dança**: a música e a dança de origem africana são influências muito fortes no Brasil. Nós herdamos deles ritmos como o batuque, o samba, o maracatu, a gafieira e também instrumentos musicais, como os bongôs, o berimbau, o pandeiro e outros.
- **Lutas e esportes**: a capoeira, inicialmente, era uma forma de luta que os escravizados praticavam. Nela, partes do corpo, como mãos e pés, tornavam-se armas. Mais tarde, a capoeira tornou-se uma mistura de esporte e dança.

ILUSTRAÇÕES: JOSÉ LUIS JUHAS

62

ATIVIDADES

1 Se havia no Brasil milhões de indígenas quando os portugueses chegaram, por que eles escravizaram povos africanos?

☐ Os indígenas reagiam e os africanos aceitavam a escravidão.

☐ O comércio de escravizados africanos era lucrativo para os portugueses.

☐ Os indígenas eram preguiçosos e os africanos, muito esforçados.

2 Observe esta pintura e complete a ficha sobre ela.

Punição pública (1835), de Johann Moritz Rugendas. Litografia, 22,5 cm × 30,5 cm. Biblioteca Nacional, Rio de Janeiro.

Nome da obra: _____

_____.

Nome do artista que a produziu: _____

_____.

O que está representado na pintura: _____

_____.

3 Pela pintura que você observou na atividade anterior, pode-se concluir que os africanos escravizados no Brasil:

☐ eram muito bem tratados.

☐ recebiam castigos violentos.

☐ eram tratados do mesmo modo que os brancos.

☐ eram preguiçosos.

4 Leia o texto a seguir e responda.

Os griôs transmitem conhecimentos

Entre os povos africanos, os conhecimentos eram passados dos mais velhos aos mais novos por meio de relatos orais. Atualmente, existem artistas que contam histórias, dançam e cantam, também transmitindo conhecimentos sobre o passado de seu povo. Eles são chamados de griôs.

Griô do Mali, África, em 2006. Os griôs tocam um instrumento de cordas chamado *kora*.

a) Quem são os griôs?

_____

_____

b) Na sua escola existem griôs! Quem são os griôs de sua escola?

_____

64

5 E como é a África hoje em dia? Você já viu um mapa com todos os países africanos na atualidade?

Observe e analise o mapa político do continente africano.

Depois, pesquise e escreva o nome da capital dos países a seguir.

MAPA POLÍTICO DA ÁFRICA

Fonte: IBGE. *Atlas geográfico escolar*. 6. ed. Rio de Janeiro: IBGE, 2012.

Angola: _____

Moçambique: _____

África do Sul: _____

Senegal: _____

Congo: _____

65

EU GOSTO DE APRENDER

Leia o que você estudou nesta lição.

- As pessoas de origem africana foram trazidas ao Brasil como escravizadas para o trabalho nas fazendas de cana-de-açúcar e outros tipos de trabalho.
- Quando os portugueses chegaram na África, havia diversos povos e alguns deles formavam reinos em que o rei controlava o poder político e as rotas comerciais.
- Naquele período, muitos reinos africanos escravizavam os povos conquistados em guerra.
- Os portugueses praticavam o escravismo antes mesmo de iniciarem a exploração de sua colônia americana.
- Vieram pessoas de vários povos africanos, com línguas, religiões e costumes diferentes.
- Os africanos escravizados sempre lutaram contra a escravidão, de várias maneiras.
- Os africanos influenciaram fortemente a cultura brasileira, com contribuições na música, na dança, nos costumes, nas crenças, na língua e na culinária.

ATIVIDADES

1 Assinale a principal ocupação dos africanos escravizados no início da colonização.

☐ Extração de pau-brasil.

☐ Mineração.

☐ Produção de açúcar.

☐ Serviços gerais.

2 Na maioria das vilas e cidades africanas, existia, e ainda existe, uma pessoa que conta histórias de seu povo aos mais jovens, como um meio de conservar a memória sobre o passado. Estamos falando dos:

_____

3 Explique como os africanos escravizados reagiam contra a escravidão. O que eles faziam?

_____

_____

4 Faça um desenho ou cole uma imagem que represente uma influência africana na cultura brasileira atual. Pode ser na dança, na música, na culinária, na língua... Você escolhe!

LEIA MAIS

Eu não sei de qual África veio o meu bisavô!

Tadeu Costa. São Paulo: Lazuli/Companhia Editora Nacional, 2014.

Esse livro é um convite para você compreender um pouco mais sobre as pessoas que formam nosso país!

EU GOSTO DE APRENDER MAIS

A resistência nos quilombos

Uma das formas de resistência à escravidão era a fuga. Sozinhos ou em grupos, os escravizados saíam das fazendas ou das casas e se afastavam o máximo que podiam dos locais de cativeiro. Mas para onde iam?

Desde o início, eles começaram a fundar povoados em locais escondidos na mata ou nos morros mais distantes, onde passavam a viver. Ali, desfrutando da liberdade, trabalhavam para garantir o sustento, caçando, pescando, coletando frutos e raízes da mata e plantando milho, feijão, mandioca, abóbora etc. Esses locais eram chamados **quilombos**.

Com o tempo, os quilombolas passaram também a comercializar com colonos portugueses, vendendo-lhes produtos agrícolas, aves e outros animais. Em troca, obtinham panos para suas vestimentas, ferramentas, armas.

Atualmente, ainda existem muitos descendentes de quilombolas vivendo em terras que foram ocupadas por seus ancestrais. Essas pessoas lutam para que o governo reconheça seu direito ao uso da terra. Muitos já conseguiram esse reconhecimento.

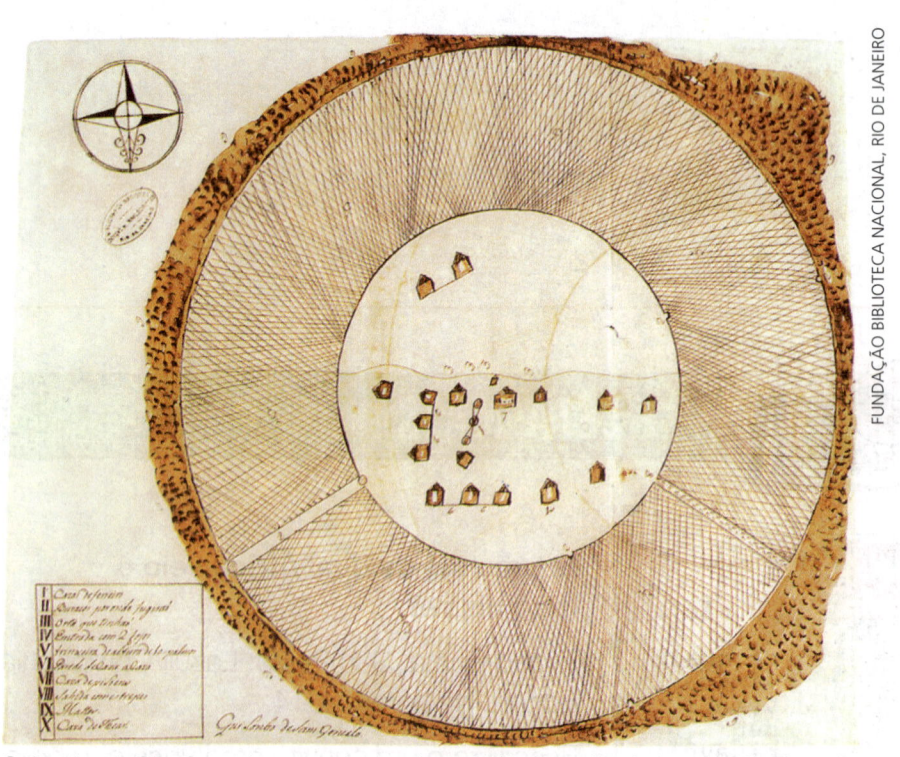

Quilombo de São Gonçalo, aquarela do século XVIII. Os quilombolas de São Gonçalo cultivavam alimentos, produziam farinha e instrumentos de ferro. O quilombo era protegido por uma área de trincheira, representada no desenho pelas linhas finas e cruzadas ao redor do círculo central. Havia duas saídas camufladas. Você consegue localizá-las?

ATIVIDADES COMPLEMENTARES

1 Como você poderia definir quilombo? Escreva no espaço a seguir.

_____

_____

2 Ainda existem quilombolas no Brasil? Explique.

_____

_____

3 Observe este quadro, pintado em 1859, quando ainda havia escravidão no Brasil. Leia a legenda e responda.

COLEÇÃO SÉRGIO FADEL, RIO DE JANEIRO

Fuga de escravos (1859), de François Auguste Biard. Óleo sobre tela, 33 cm × 52 cm.

a) Quantas pessoas foram representadas? Quantos são adultos? Quantas são crianças?

_____

b) Por que essas pessoas estavam fugindo?

_____

c) Para onde elas poderiam ir?

_____

LIÇÃO 6

BRASIL, A COLÔNIA PORTUGUESA NA AMÉRICA

Os portugueses exploraram as riquezas da terra

Logo após chegarem à nova terra, à qual denominaram Brasil, os portugueses a transformaram em sua **colônia**.

- Você sabe o que significa "colônia"?

A formação de colônias aconteceu porque, no século XV, o comércio na Europa aumentou. O comércio estava se tornando uma forma poderosa de enriquecer.

Portugal e outros países lucravam muito com o comércio de especiarias da Índia. Na nova terra, que depois viria a ser o Brasil, buscavam produtos que poderiam ser vendidos a bons preços na Europa. Para isso, era preciso que os portugueses conhecessem melhor a terra que começaram a ocupar.

Ilustração que representa comerciantes europeus do século XV.

As primeiras expedições para conhecer o território

O rei de Portugal, Dom Manuel I, resolveu enviar algumas expedições para conhecer melhor as riquezas que poderiam ser exploradas na colônia.

As expedições que vieram ao território deram nomes aos acidentes geográficos. Em geral, escolhia-se o nome do santo do dia para os pontos importantes da geografia brasileira que iam sendo identificados. No entanto, os portugueses também nomearam alguns acidentes geográficos, rios e regiões com os mesmos nomes usados pelos indígenas.

Essas expedições mapearam o litoral do Brasil e fizeram um levantamento dos produtos naturais que poderiam ser explorados pelos portugueses. O que lhes chamou a atenção imediatamente foi o **pau-brasil**.

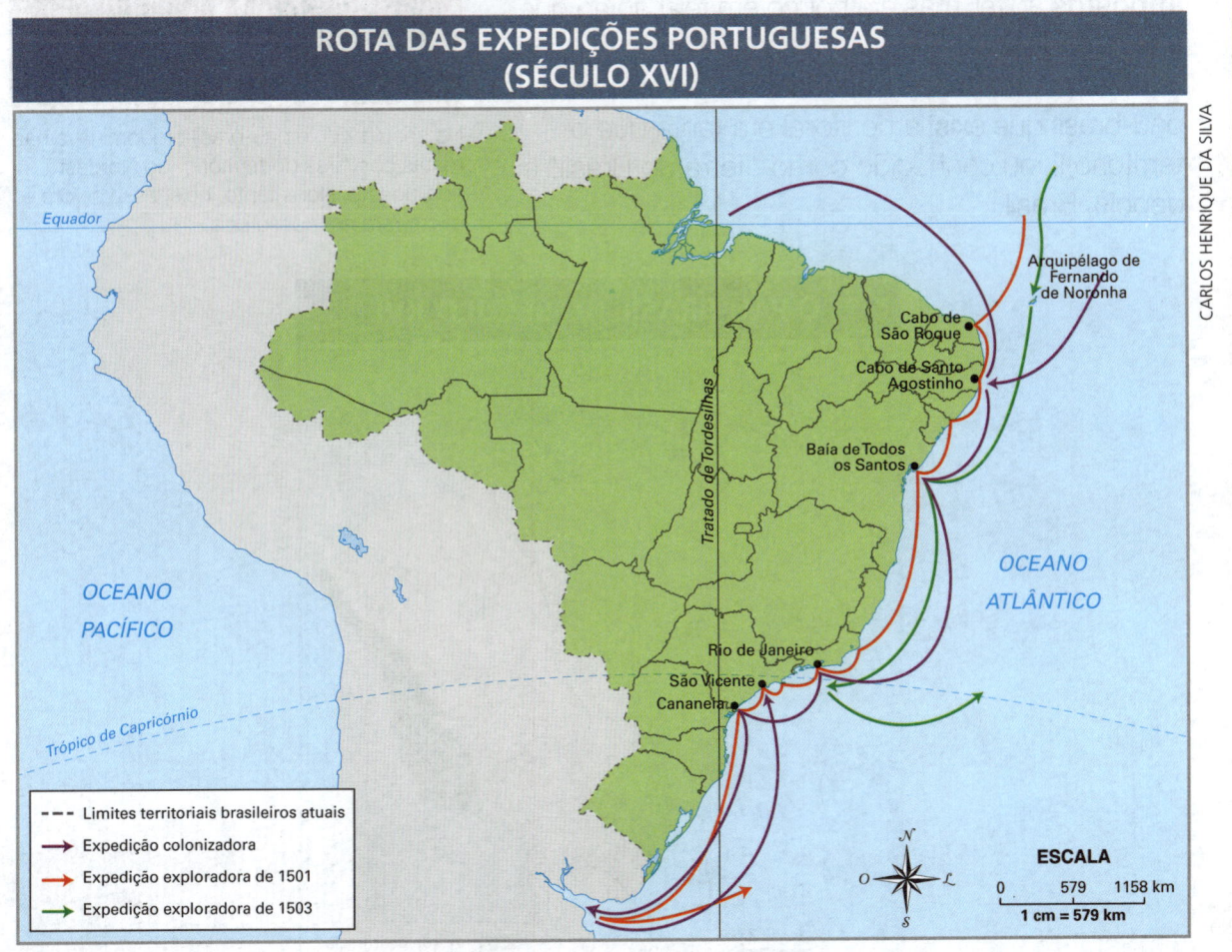

ROTA DAS EXPEDIÇÕES PORTUGUESAS (SÉCULO XVI)

Fonte: *Atlas histórico escolar*. Rio de Janeiro: FAE, 1991.

A exploração do pau-brasil

Os portugueses não encontraram aqui as especiarias das Índias nem pedras preciosas, ouro ou prata. Por isso, inicialmente, o governo português não viu motivo para iniciar a ocupação do território.

Bastava que os comerciantes viessem, carregassem suas embarcações com pau-brasil e voltassem à Europa para vender a carga aos fabricantes de corantes. Esse foi o primeiro produto comercial do Brasil.

Alguns interessados na exploração do pau-brasil conseguiram autorização do rei de Portugal para fazer o comércio da madeira. Esse comércio rendia **impostos** ao rei, mas era pouco em relação ao que a terra poderia oferecer.

Mesmo assim, a quantidade de árvores de pau-brasil que existia no litoral era tanta que o território ficou conhecido como "Terra do Brasil" e, depois, Brasil.

No século XVI, o pau-brasil predominava nas matas costeiras do território, do Nordeste ao Sudeste. No entanto, hoje, essa árvore é muito rara em nosso país.

O PAU-BRASIL NO SÉCULO XVI

Fonte: *Atlas histórico escolar.* Rio de Janeiro: FAE, 1991.

No mapa, vê-se a divisão atual do Brasil em estados, que não existia no século XVI. A linha vermelha, que representa o Tratado de Tordesilhas, indica a divisão de terras entre portugueses e espanhóis feita em 1494.

72

Os portugueses exploraram o trabalho dos indígenas

Os portugueses desejavam explorar o pau-brasil. Mas não eram eles que cortavam as árvores e carregavam a madeira para os navios. Quem fazia isso eram os grupos nativos, que conheciam bem a mata e estavam em maior número.

Em troca da madeira, os indígenas recebiam utensílios de metal, espelhos, tecidos e outros produtos desconhecidos por eles na época. Esse negócio, realizado com base na troca de produtos entre europeus e nativos, foi chamado **escambo**.

Piratas e corsários saqueavam o litoral da colônia

A exploração do pau-brasil e de outras riquezas atraía também navegadores de outros países. Como não tinham permissão do rei de Portugal para isso, eles se estabeleciam em locais distantes das povoações portuguesas ou atacavam os navios de Portugal carregados de mercadorias: eram os **piratas** e os **corsários**.

Combate naval entre portugueses e franceses na costa do Brasil (1592), gravura de Theodore de Bry.

ATIVIDADES

1 Procure no diagrama cinco palavras que completem o texto.

Depois da _____ dos portugueses, o território que hoje forma o

_____ se tornou _____, o que quer dizer que pertencia a

_____. Essa formação de colônias deu-se por causa do aumento do

_____ no século XV.

L	C	O	M	É	R	C	I	O	J	R
A	M	T	R	C	H	E	G	A	D	A
K	X	J	C	O	L	Ô	N	I	A	R
P	O	R	T	U	G	A	L	S	U	A
E	I	M	A	D	B	R	A	S	I	L

2 Responda.

a) Qual foi o primeiro produto explorado no litoral do Brasil pelos europeus?

_____

b) Quem fazia o trabalho de cortar e carregar as toras de pau-brasil até as embarcações?

_____

c) Como a madeira do pau-brasil era usada pelos europeus?

_____

3 Compare o mapa a seguir com o mapa "O pau-brasil no século XVI", na página 72, e resolva as questões.

O PAU-BRASIL NO INÍCIO DO SÉCULO XXI

Área de ocorrência de pau-brasil

Fonte: José Jobson de A. Arruda. *Atlas histórico básico*. São Paulo: Ática, 2005.

a) Marque com um **X** os motivos de os europeus retirarem pau-brasil da mata que cobria o litoral do território conquistado.

☐ Para ser vendido na Europa.

☐ A madeira era usada para fabricar móveis e utensílios.

☐ Do seu tronco retirava-se uma tinta de cor avermelhada, utilizada como corante.

☐ Para servir de lenha em fogueiras e lareiras nos lugares muito frios.

b) Marque com um **X** o que aconteceu com a área de ocorrência do pau-brasil entre o século XVI e os dias de hoje.

☐ Ela diminuiu.

☐ Ela se estendeu para o interior do Brasil.

☐ Ela aumentou.

☐ Ela permaneceu igual.

4 No estado onde você mora existem matas com pau-brasil? Olhe no mapa atual do Brasil, na atividade anterior. Comente com o professor e os colegas.

75

Dom João III decidiu colonizar o território

Em 1530, o rei de Portugal enviou uma expedição com o objetivo de iniciar a colonização. Era uma forma de trazer pessoas para a nova terra e mudas de cana-de-açúcar para plantar, além de extrair riquezas do local. O açúcar era um produto raro e muito apreciado pela nobreza europeia.

Em janeiro de 1532, Martim Afonso de Sousa, responsável pela expedição, fundou a Vila de São Vicente, no litoral das terras que hoje pertencem ao estado de São Paulo.

O artista Benedito Calixto imaginou como poderia ter sido a chegada dos portugueses ao litoral paulista na obra *Fundação de São Vicente* (1900). Óleo sobre tela, 192 cm × 385 cm. A região de São Vicente se desenvolveu com base no cultivo de cana-de-açúcar.

- Imagine como foi a fundação de uma vila no período colonial. Quem estava presente, além dos portugueses?

- Faça um desenho para representar como você imagina esse momento histórico.

Era muita terra para administrar...

Naquele momento da colonização, o governo português precisava resolver um problema: como tomar posse de um território tão extenso?

Em 1534, o rei então implantou um sistema chamado capitanias hereditárias: dividiu as terras em 15 lotes, que foram doados a 12 homens de confiança de Portugal – alguns receberam mais de um lote. Esses "capitães" ou "donatários", como eram chamados, teriam de investir em fazendas, plantações, mineração etc., entregando ao governo, por meio de impostos, uma parte do que produziam.

Por conta dos altos investimentos necessários, o sistema não deu muito certo. Por isso, o rei resolveu enviar para a colônia um governador-geral, uma pessoa com autoridade para governar. Esse sistema foi chamado de governo-geral, e o primeiro representante do rei a vir para cá foi Tomé de Sousa, em 1548.

No ano seguinte, em 1549, foi fundada a cidade de Salvador, a primeira capital da colônia.

Salvador (1624), gravura de Claes Jansz.

Mapa de Luís Teixeira (1574) com o território da colônia dividido em capitanias hereditárias.

O açúcar era produzido nos engenhos

Os portugueses buscaram outras formas de lucrar no Brasil. A primeira experiência bem-sucedida foi a produção de açúcar, produto que era muito valorizado pela nobreza europeia naquele período.

Os fazendeiros portugueses começaram o cultivo da cana-de-açúcar em grandes extensões de terra. Logo os canaviais se espalharam pelo litoral nordestino a perder de vista.

Para transformar a cana em açúcar, era necessário um conjunto de construções, máquinas e ferramentas. Esse conjunto formava o engenho.

Os portugueses dominavam as técnicas de plantio da cana e de fabricação do açúcar, pois essa era uma atividade que já realizavam nas ilhas africanas Açores, Madeira e Cabo Verde. Lá, eles também usavam escravizados para essas tarefas.

Nos engenhos havia o canavial – para o cultivo da cana –, as construções destinadas à produção do açúcar, as senzalas – para a moradia dos trabalhadores escravizados –, a casa-grande – para a moradia do senhor e de sua família – e a igreja. Os engenhos variavam de tamanho de acordo com as posses de seus proprietários.

Johann Moritz Rugendas, um artista alemão que viveu no Brasil por volta dos anos 1800, representou o cotidiano em um engenho de açúcar. Observe, na obra *Engenho de açúcar*, a moenda, onde a cana-de-açúcar era moída, os **pães de açúcar** na amurada, os trabalhadores escravizados e as construções de um engenho de açúcar.

VOCABULÁRIO

pão de açúcar: nos antigos engenhos, era a massa de açúcar esfriada e depositada em formas que tinham o formato de cone, para tomar consistência.

Atividades de subsistência: pecuária e agricultura

A **pecuária** começou a ser praticada sobretudo por portugueses e mestiços que não possuíam recursos econômicos nem poder político para estabelecer engenhos de cana.

Foi durante muito tempo uma atividade de subsistência dos engenhos. Os bois eram usados como força motriz das moendas de cana, enquanto a carne, o leite e o couro eram consumidos pelos moradores das fazendas.

Por ser uma atividade de subsistência, a pecuária era praticada nas proximidades das fazendas de cana. A criação de gado era feita em pastos sem cercas e à medida que crescia passava a ocupar também as terras férteis destinadas à produção da cana. Como isso ameaçava os interesses econômicos dos grandes senhores e do rei português, a prática da atividade pecuária nas terras próximas ao litoral acabou sendo proibida.

Essa proibição forçou os criadores a praticarem a atividade cada vez mais longe da costa, adentrando as terras do interior da colônia. E, como a criação era feita com o gado solto, ela funcionava também como uma espécie de fronteira móvel, que ia desbravando o interior sem custos para os produtores nem para o reino português.

A **agricultura de subsistência**, por sua vez, naquele período, era destinada ao cultivo de alimentos para serem consumidos pelos moradores da própria colônia. Plantavam-se, por exemplo, feijão, milho, mandioca, cará etc. Foi uma atividade praticada nas proximidades dos engenhos, das vilas e das cidades.

Carro de bois (1638), de Frans Post. Óleo sobre tela, 61 cm × 88 cm. Museu do Louvre, Paris, França.

A descoberta de ouro no Brasil

Por volta de 1650, a economia do açúcar estava muito enfraquecida. Mas Portugal dependia da arrecadação dos impostos gerados em torno dessa atividade econômica para manter o reino.

Com o objetivo de encontrar metais e pedras preciosas, o rei português incentivou os colonos do Brasil a realizarem expedições para o interior da colônia, ou, como se dizia naquela época, para o "**sertão**" da colônia.

Os paulistas se tornaram o maior exemplo de exploradores e conquistadores do sertão. Saíam de São Paulo de Piratininga e se embrenhavam pelo interior em expedições que podiam durar anos. Essas expedições eram chamadas **bandeiras**.

Um dos objetivos dos bandeirantes era capturar indígenas para vendê-los como escravizados. Mas as bandeiras foram responsáveis também pela expansão das fronteiras da colônia portuguesa e pela descoberta de ouro nas regiões de Minas Gerais e Goiás.

Em 1695, os paulistas descobriram ouro no Rio das Velhas, próximo às atuais cidades de Sabará e Caeté, no estado de Minas Gerais. Nos anos seguintes, outras minas foram descobertas no território dos atuais estados da Bahia, de Goiás e de Mato Grosso.

A notícia se espalhou rapidamente e muitas pessoas chegaram às áreas mineradoras. Muitos portugueses vieram para o Brasil na esperança de enriquecer rapidamente.

PRINCIPAIS ÁREAS DE MINERAÇÃO NO BRASIL 1700-1800

Fonte: ARRUDA, José Jobson de. *Atlas histórico básico*. São Paulo: Ática, 2007.

EU GOSTO DE APRENDER

Verifique o que você estudou nesta lição.

- A conquista do Brasil aconteceu quando o reino português estava empenhado em dominar o comércio de especiarias com as Índias.

- O rei de Portugal Dom Manuel I enviou expedições para conhecer as riquezas que poderiam ser exploradas na colônia.

- O pau-brasil foi a primeira riqueza da colônia brasileira a ser explorada pelos portugueses, pois da madeira era extraído um corante para tingir tecidos.

- O corte e o transporte da madeira do pau-brasil às embarcações portuguesas eram feitos pelos indígenas.

- Em 1530, chegou a expedição de Martim Afonso de Sousa, que fundou a primeira vila do Brasil, São Vicente.

- Em 1534, o rei de Portugal, D. João III, decidiu dividir a colônia em quinze faixas de terra, que foram doadas a doze pessoas: as capitanias hereditárias.

- Para produzir açúcar no Brasil, foram estabelecidas grandes fazendas, os engenhos.

- O ouro foi descoberto na colônia em 1695 pelos bandeirantes.

- As áreas auríferas no Brasil Colônia foram: Minas Gerais, Goiás, Mato Grosso e Bahia.

ATIVIDADES

1 Complete o parágrafo com o nome dos produtos que deram muito lucro aos portugueses.

No Brasil colonial, o primeiro produto comercial foi o _____. Em seguida, iniciou-se a intensa exploração de _____. Quando esse produto passou a dar menos lucro, foram descobertos _____ e _____ _____ no interior do território.

2 Pinte as palavras que completam as frases corretamente.

a) O Brasil foi [conquistado] [descoberto] quando Portugal procurava [dominar] [abandonar] o comércio com [a Espanha] [as Índias].

b) Logo após a chegada de Cabral, o reino português enviou ao Brasil as expedições [exploradoras] [colonizadoras], para verificar se havia aqui [riquezas] [outros povos].

c) Inicialmente, o produto que mais chamou a atenção no novo território foi o(a) [ouro] [pau-brasil] [prata].

3 Por que os reis se associaram aos comerciantes? Como cada uma das partes era beneficiada?

_____

_____

4 Em 1534, na época em que a colonização começou, o rei D. João III resolveu dividir a colônia portuguesa em lotes.

a) Em quantos lotes foi dividido o Brasil?

_____

b) Como eram chamados esses lotes?

_____

c) Para quem esses lotes foram doados?

_____

d) Como ficaram conhecidos esses homens de confiança do rei?

_____

e) Quantos eram os donatários e quantos lotes receberam?

_____

5 Faça a relação entre as datas e os acontecimentos da história da colonização do Brasil.

| 1 | 1530 | 2 | 1532 | 3 | 1534 |

☐ Martim Afonso de Sousa fundou a Vila de São Vicente, no litoral das terras que hoje pertencem ao estado de São Paulo.

☐ Dom João III resolveu dividir a colônia portuguesa em quinze lotes – as capitanias hereditárias – e doar cada lote a um colonizador.

☐ O rei de Portugal, Dom Manuel I, enviou uma expedição para o Brasil com o objetivo de iniciar a colonização.

6 Com relação ao açúcar, marque com um **X** as afirmações corretas.

☐ Não era um produto muito aceito na Europa.

☐ Durante muito tempo, foi a base da riqueza colonial.

☐ Os portugueses não dominavam as técnicas do plantio da cana e da fabricação do açúcar.

☐ Para transformar a cana em açúcar, era necessário um conjunto de construções, máquinas, ferramentas etc.

☐ A cana-de-açúcar já existia no território da colônia e foi apresentada aos portugueses pelos indígenas.

☐ O plantio da cana-de-açúcar se desenvolveu em grandes extensões de terra, as quais deram origem às fazendas.

7 Marque um **X** nas alternativas corretas.

☐ As bandeiras eram expedições que seguiam em direção ao interior do Brasil.

☐ Os moradores de Salvador foram os principais bandeirantes.

☐ Um dos objetivos dos bandeirantes era aprisionar indígenas para serem escravizados.

EU GOSTO DE APRENDER MAIS

A beleza das cidades mineiras

Quando as pessoas começaram a enriquecer na região das minas, começaram também a incentivar a construção de casas e igrejas luxuosas, para mostrar que tinham muitas posses.

Cidades mineiras como Ouro Preto (que na época se chamava Vila Rica), São João del Rei, Sabará, Diamantina e muitas outras ganharam ruas, palacetes e muitas igrejas ricamente decoradas com pinturas e esculturas cobertas de ouro que representavam a vida dos santos e passagens da Bíblia.

Diversos artistas se destacaram ao pintar e esculpir essas obras religiosas. Muitos deles eram escravizados que dominavam técnicas de arquitetura e tinham incrível dom artístico. Outros eram pessoas do povo, como o brasileiro Antônio Francisco Lisboa, filho de uma africana escravizada com um português. Ele recebeu alforria (quer dizer, foi libertado) e dedicou-se às artes. Ficou conhecido pelo apelido de Aleijadinho, porque sofria de uma doença que o fez perder os dedos das mãos e dos pés.

Suas obras mais importantes, esculturas representando profetas da Bíblia, estão na Igreja de São Francisco de Assis de Ouro Preto e no Santuário do Bom Jesus de Matosinhos.

As cidades mineiras, hoje consideradas cidades históricas, atraem milhares de turistas porque conservam muito da beleza da época em que a mineração era a principal atividade econômica do Brasil.

Igreja de São Francisco de Assis, Ouro Preto, MG, 2018.

Profetas do escultor Aleijadinho no santuário de Bom Jesus de Matosinhos, Congonhas, MG, 2017.

1 Marque um **X** no assunto tratado no texto da página anterior.

☐ Os hábitos dos bandeirantes, que fundaram cidades mineiras.

☐ A riqueza na região das minas deu origem à arte nas cidades mineiras, que até hoje atrai turistas.

☐ As cidades mineiras foram decoradas por artistas europeus, como Antônio Francisco Lisboa.

2 As artes nas cidades mineiras, isto é, a pintura, a escultura e a arquitetura, tinham como principais temas:

☐ a vida das pessoas ricas que moravam em palacetes.

☐ passagens da Bíblia e outros motivos religiosos.

☐ a vida dos criadores de gado, que percorriam o interior.

3 Como são chamadas hoje as cidades mineiras do século XVIII? No que elas se destacam?

_____

_____

LEIA MAIS

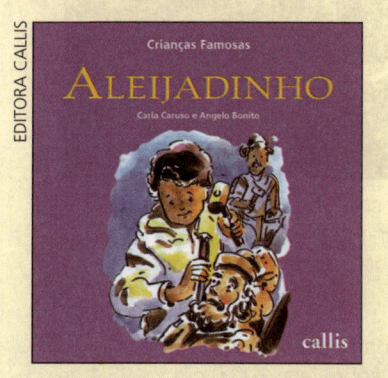

Aleijadinho

Ângelo Bonito e Carla Caruso. São Paulo: Callis, 2009.

Biografia de Antônio Francisco Lisboa, o Aleijadinho, escrita e ilustrada para crianças.

85

LIÇÃO 7 — A FORMAÇÃO DO BRASIL

A Europa no início de 1800

Os reis portugueses sempre governaram a colônia a distância. Eles nunca tinham visitado a colônia até se mudarem definitivamente para o Brasil, em 1808.

Naquele período, Napoleão Bonaparte era o imperador da França. Ele tinha a ambição de formar um império que se estenderia por todo o mundo, começando pela conquista da Europa. Para isso, Napoleão precisava vencer a Inglaterra, a mais rica nação da época.

Napoleão tinha um plano para derrotar a Inglaterra: proibir todos os países da Europa de venderem e comprarem mercadorias dos comerciantes ingleses. O país que desobedecesse à ordem seria invadido pelas tropas francesas. Essa proibição colocaria a Inglaterra em dificuldades, uma vez que a economia inglesa se baseava no comércio com os países da Europa e suas colônias.

Portugal era um dos maiores parceiros comerciais da Inglaterra e a rainha de Portugal à época, Dona Maria I, não estava interessada em romper os negócios lucrativos para ambos os lados.

A resposta de Napoleão foi rápida: decidiu invadir Portugal.

- Imagine que você fosse o rei português nessa época. O que você faria se a França invadisse Portugal?

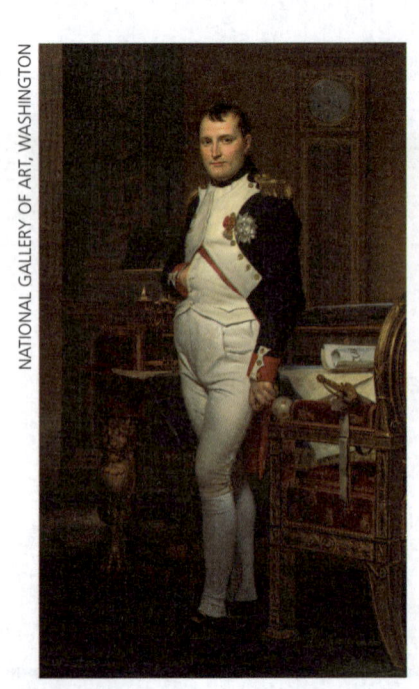

Batalha ocorrida em 1807, sob comando de Napoleão, registrada pelo pintor Antoine-Jean Gros. Óleo sobre tela, 521 cm × 784 cm. Museu do Louvre, Paris, França.

Retrato de Napoleão Bonaparte pintado em 1812 por Jacques-Louis David. Óleo sobre tela, 203,9 cm × 125,1 cm. National Gallery of Art, Washington, Estados Unidos.

A vinda da família real para o Brasil

Para escapar das tropas de Napoleão, a família real e toda a corte, isto é, a nobreza que ocupava os altos cargos, decidiram embarcar às pressas para o Brasil.

As embarcações portuguesas chegaram à colônia em janeiro de 1808.

Tão logo chegou a Salvador, o príncipe Dom João tomou uma medida muito importante: assinou um decreto que mandava abrir os portos da colônia para as nações amigas. Dessa forma, permitiu que todas as nações aliadas a Portugal, principalmente a Inglaterra, vendessem diretamente seus produtos ao Brasil e comprassem os produtos brasileiros sem intermediários.

No Rio de Janeiro, o príncipe Dom João tomou uma série de providências para tornar a cidade adequada a servir de sede do reino de Portugal. Foram criadas várias instituições, como o Banco do Brasil, o Jardim Botânico, a Imprensa Régia, a Biblioteca Real, escolas de Ensino Superior, entre outras.

Até o início de 1808, apenas navios portugueses podiam embarcar e desembarcar produtos nos portos brasileiros.

Chegada do príncipe Dom João à igreja do Rosário, de Armando Martins Viana. Óleo sobre tela, 27,5 cm × 23,5 cm. Museu da Cidade, Rio de Janeiro.

A colônia foi elevada a Reino Unido

Em 1815, com o fim do domínio de Napoleão Bonaparte sobre a Europa, Dom João determinou que o Brasil não seria mais uma colônia, elevando-o a Reino Unido a Portugal e Algarves.

Com a morte de sua mãe, a rainha Dona Maria I, Dom João foi nomeado rei de Portugal e do Brasil. Ele recebeu o título de Dom João VI.

Essa situação, de um lado, era uma vantagem para a antiga colônia, que já recebera várias mudanças com a transferência da corte portuguesa. De outro, era uma maneira de conter a ambição de o Brasil se tornar independente do domínio português.

Com essa mudança, as capitanias passaram a ser chamadas de províncias.

Em 1821, Dom João VI voltou a Portugal, para garantir o trono na Europa, pois os portugueses estavam revoltados com o abandono do rei durante a guerra napoleônica.

Ao se despedir, entregou a chefia do governo brasileiro ao seu filho, Dom Pedro.

Partida da rainha D. Carlota para Portugal (1839), de Jean-Baptiste Debret. Litografia incluída no livro *Viagem pitoresca*, 27,5 cm × 23,5 cm.

ATIVIDADES

1 Qual era a ambição de Napoleão Bonaparte, imperador da França?

_____
_____
_____

2 Qual era a nação europeia que Napoleão precisava vencer para atingir seu objetivo?

_____
_____
_____

3 O que Napoleão fez para alcançar esse objetivo? O que ele pretendia com isso?

_____
_____
_____
_____
_____

4 Que outra nação europeia não obedeceu às ordens de Napoleão? O que ele fez diante disso?

_____
_____
_____
_____
_____

5 Leia o texto e depois responda às questões.

Tão logo chegou a Salvador, o príncipe Dom João tomou uma medida muito importante: assinou um decreto que mandava abrir os portos para as nações amigas.

a) Por que Dom João teve de tomar essa medida?

_____
_____
_____

b) O que essa medida significou para os ingleses?

_____
_____
_____

89

Dom Pedro decidiu permanecer no Brasil

Depois da partida de Dom João VI para Portugal, Dom Pedro, com apenas 22 anos de idade, passou a governar o Brasil como príncipe regente.

Em 1821, as cortes portuguesas exigiram o retorno de Dom Pedro e determinaram que as províncias obedecessem apenas às ordens diretas do governo português. Uma comissão de brasileiros entregou a Dom Pedro um abaixo-assinado com mais de 8 mil assinaturas, pedindo-lhe que permanecesse no Brasil.

Ao receber o abaixo-assinado, Dom Pedro declarou: "Como é para o bem de todos e felicidade geral da nação, estou pronto: diga ao povo que fico". Dom Pedro fez essa declaração em 9 de janeiro de 1822, data que se tornou conhecida como **Dia do Fico**.

O Brasil se tornou independente de Portugal

Os políticos brasileiros queriam a independência do Brasil, mas divergiam quanto à maneira de conquistá-la. Um grupo era favorável a um processo lento, outro queria a independência imediata. Para conseguir apoio a seu governo, o príncipe Dom Pedro resolveu deixar o Rio de Janeiro e visitar algumas províncias, entre elas São Paulo.

Em 7 de setembro de 1822, quando voltava de Santos para São Paulo, às margens do Riacho do Ipiranga, o príncipe Dom Pedro recebeu decretos do governo de Lisboa que anulavam seus atos mais importantes e exigiam que ele voltasse para Portugal. Diante disso, o príncipe regente declarou que estavam cortados os laços que uniam o Brasil a Portugal e proclamou a independência do Brasil.

Dom Pedro, então, foi aclamado imperador com o título de Dom Pedro I.

O Primeiro Reinado (1822 a 1831)

Foi chamado de **Primeiro Reinado** o período em que Dom Pedro I governou o Brasil.

Com a separação de Portugal, o Brasil passou a ter leis e administração próprias e a controlar o comércio com outros países. Mas isso não modificou muito a vida da maioria dos escravizados e das pessoas livres e pobres.

A fim de elaborar a primeira **Constituição** brasileira, foi reunida uma Assembleia Constituinte. Dom Pedro I não aprovou o projeto proposto pela Assembleia, pois, segundo a Constituição elaborada pelos brasileiros, ele não poderia exercer poder absoluto. Então, dissolveu a Assembleia e expulsou e prendeu alguns de seus participantes.

Em 1824, uma Constituição imposta por Dom Pedro I foi outorgada, sem qualquer discussão com os representantes das províncias. Essa Carta dava plenos poderes ao imperador e estabelecia que apenas os grandes proprietários podiam participar da política.

VOCABULÁRIO

Constituição: é a lei fundamental de uma nação, que estabelece os direitos e os deveres dos cidadãos.

Dom Pedro I exerceu um poder imperial

A primeira Constituição brasileira, outorgada por Dom Pedro I, estabeleceu que o voto era aberto e exercido apenas por homens maiores de 25 anos com alto poder aquisitivo. Além disso, estabeleceu quatro poderes:

- Poder Executivo, formado pelo imperador e seus ministros;
- Poder Legislativo, formado por deputados e senadores;
- Poder Judiciário, composto pelos juízes (escolhidos pelo imperador);
- Poder Moderador, que controlava os outros três poderes e era exercido pelo imperador.

Dom Pedro I queria impor sua autoridade. Com isso, acabou perdendo o apoio de várias camadas da população.

Aclamação de Dom Pedro I no Campo de Sant'Ana (1839), de Jean-Baptiste Debret. Litografia, 48 cm × 70 cm. Fundação Biblioteca Nacional, Rio de Janeiro.

Uma revolta aconteceu em Pernambuco

Em 1824, ocorreu em Pernambuco a Confederação do Equador, uma revolução que pretendia transformar Pernambuco, Ceará, Rio Grande do Norte e Paraíba em uma república independente.

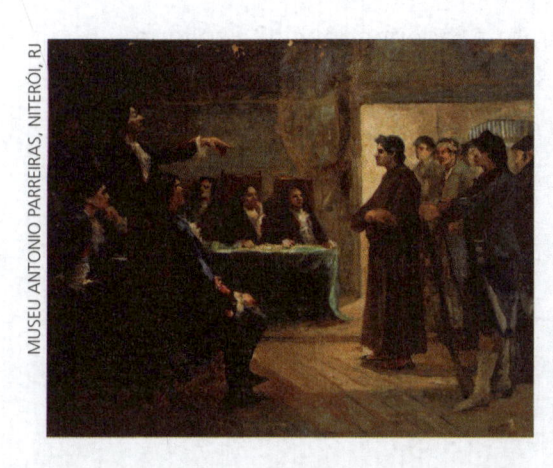

Dom Pedro I dominou a revolução e vários revoltosos foram presos. Manoel Paes de Andrade, um dos líderes, refugiou-se em um navio inglês. Frei Caneca, outro líder, foi preso e condenado à morte.

Estudo para Frei Caneca, de Antonio Parreiras, 1918. Óleo sobre tela, 77 cm × 96,2 cm. O pintor representou a cena de julgamento de Frei Caneca, um dos participantes da Confederação do Equador (1824), rebelião contra o governo de Dom Pedro I. Museu Antonio Parreiras, Niterói, RJ.

Dom Pedro I deixou seu filho no poder

No dia 7 de abril de 1831, Dom Pedro I abdicou do trono em favor de seu filho Pedro de Alcântara, então com 5 anos de idade, e partiu para Portugal.

Com sua abdicação, terminou o Primeiro Reinado. Pedro de Alcântara, no entanto, só poderia governar o país quando completasse 18 anos. O Brasil, então, passou a ser governado pelos **regentes**.

As elites brasileiras acreditavam que seria mais fácil dominar o príncipe regente do que seu pai, Dom Pedro I, que ainda tinha interesses em Portugal.

VOCABULÁRIO

regente: chefe de governo durante a impossibilidade de o rei assumir o poder.

Dom Pedro II e suas irmãs (1835), de Felix Taunay. Dona Januária e dona Francisca com o príncipe regente, no quarto de estudos em São Cristóvão. Litografia, 25,5 cm × 23,5 cm. Museu Imperial de Petrópolis, Rio de Janeiro.

ATIVIDADES

1 Todas as pessoas que viviam no Brasil aceitaram a independência? Explique sua resposta.

_____
_____
_____
_____

92

2 Relacione as perguntas às respostas corretas, numerando-as.

1 O que foi o Primeiro Reinado?

2 Como foi escrita a primeira Constituição do Brasil imperial?

3 Como acabou o reinado de Dom Pedro I no Brasil?

4 Dom Pedro I enfrentou vários problemas durante seu governo, como a Confederação do Equador. O que foi esse movimento?

☐ Foi uma revolução que desejava transformar Pernambuco, Ceará, Rio Grande do Norte e Paraíba numa república independente.

☐ Dom Pedro I dissolveu a Assembleia que havia convocado para elaborar a Constituição. Ele próprio impôs uma Constituição em 1824 que dava plenos poderes ao imperador.

☐ Foi o período em que Dom Pedro I governou o Brasil.

☐ No dia 7 de abril de 1831, Dom Pedro I abdicou do trono em favor de seu filho Pedro de Alcântara, então com 5 anos de idade.

3 Consulte um dicionário e escreva, no caderno, o significado da palavra "monarquia", o sistema de governo herdado de Portugal e mantido no Brasil depois da independência.

O Brasil foi governado por regentes

Dom Pedro I deixou o Brasil e entregou o trono a seu filho, que tinha apenas 5 anos. Até que Pedro de Alcântara tivesse idade para governar, o Brasil foi administrado por regentes: a **Regência Trina Provisória**, formada por três pessoas, que governou o país durante dois meses; a **Regência Trina Permanente**, formada por três pessoas, que governou o país de 1831 a 1835; a **Regência Una do padre Diogo Antônio Feijó**, que governou de 1835 a 1837; e a **Regência Una de Araújo Lima**, que governou de 1837 a 1840.

O período das regências unas foi muito agitado. Nele ocorreram várias revoltas. Essas revoltas foram provocadas pelos impostos elevados, pelas dificuldades das províncias para comercializar seus produtos e pela pobreza da população. Acompanhe:

93

- Cabanagem, de 1835 a 1840. Ocorreu no Grão-Pará (atual estado do Pará). Os revoltosos eram formados por escravizados e mestiços explorados pelos grandes fazendeiros. Alguns comerciantes e fazendeiros descontentes com o governante escolhido pelos regentes aderiram à revolta. Os revoltosos chegaram a assumir a província, mas foram derrotados pelas autoridades.
- Balaiada, de 1838 a 1841. No Maranhão ocorreu uma revolta contra o governante escolhido pelos regentes. Homens livres pobres e escravizados se rebelaram contra os grandes fazendeiros e autoridades. Eles tomaram a cidade de Caxias, mas foram derrotados em 1841 pelas tropas do governo.
- Sabinada, de 1837 a 1838. O movimento foi liderado pelo médico Francisco Sabino Vieira e teve a participação de intelectuais e comerciantes descontentes com o presidente da província da Bahia. A repressão foi violenta: cerca de 1300 pessoas foram mortas e quase 3 mil foram presas.
- Guerra dos Farrapos, de 1835 a 1845. A revolta, que ocorreu na província do Rio Grande do Sul, tinha como objetivo separar a província do restante do país, pois os fazendeiros de gado estavam insatisfeitos com os altos impostos e com o governante escolhido pelos regentes. A revolta durou dez anos e terminou somente em 1845. Para restabelecer a ordem no país e resolver as questões políticas, em 1840 foi antecipada a maioridade de Pedro de Alcântara, então com quase 15 anos de idade.

Fonte: José Jobson de A. Arruda. *Atlas histórico básico*. São Paulo: Ática, 2005.

O Segundo Reinado (1840 a 1889)

Em 1840, Pedro de Alcântara assumiu o poder com apenas 14 anos de idade e recebeu o título de Dom Pedro II. Esse período ficou conhecido como **Segundo Reinado**.

Dom Pedro II foi preparado durante toda sua juventude para ser o novo imperador. Estudou, viajou pelo Brasil e para outros países, informou-se sobre as novidades que aconteciam na Europa e nos Estados Unidos.

Durante seu governo, a economia brasileira cresceu com a comercialização do café; surgiram fábricas de alimentos, bebidas e tecidos; inovações aconteceram nos meios de comunicação (telégrafo e telefone) e nos transportes (ferrovias); as ruas das principais cidades receberam trilhos de bondes e iluminação a gás; museus, escolas e faculdades foram construídos.

O novo imperador conseguiu que as rebeliões que ocorreram no período regencial fossem controladas, além de outras, que se iniciaram mais tarde.

Dom Pedro II também enfrentou guerras contra países vizinhos, como a Guerra do Paraguai, que durou de 1865 a 1870. Nessa guerra, Argentina, Uruguai e Brasil uniram-se para derrotar o Paraguai.

O café

As primeiras mudas e sementes foram trazidas da Guiana Francesa pelo paraense Francisco de Melo Palheta, em 1727, e plantadas próximas a Belém, no Pará. Foi no período do Império, porém, que essa cultura alcançou grande expansão.

Em 1760, mudas de café foram levadas para o Rio de Janeiro, onde o cultivo se expandiu graças aos trabalhadores escravizados, à facilidade de transporte e à proximidade do porto. Além disso, o café passou a ser um produto muito apreciado na Europa, consumido em cafeterias ou por operários das primeiras fábricas, para sustentar o ritmo de trabalho.

Do Rio de Janeiro, a cultura expandiu-se para São Paulo, Minas Gerais e Espírito Santo. A terra roxa e o clima temperado e úmido foram fatores que favoreceram a aclimatação do café nas regiões Sudeste e Sul.

Transporte de café, de Jean-Baptiste Debret. Aquarela, 17,1 cm × 21,1 cm. Fundação Biblioteca Nacional, Rio de Janeiro.

VOCABULÁRIO

terra roxa: tipo de solo vermelho bastante fértil que aparece nos estados das regiões centrais e sul do Brasil.

As leis abolicionistas

Durante os anos 1800 e, principalmente, durante o governo de Dom Pedro II, o trabalho escravo passou a ser combatido pelas nações da Europa. O governo brasileiro foi pressionado a impedir o tráfico de escravizados, isto é, que escravizados fossem trazidos para o Brasil.

Era grande o número de trabalhadores escravizados nas fazendas de café, especialmente no Rio de Janeiro. Os fazendeiros do oeste paulista também usavam escravizados em suas propriedades.

Em **1850**, Dom Pedro II assinou a **Lei Eusébio de Queirós**, que proibia o tráfico. Entretanto, os "comerciantes" de escravizados continuaram o tráfico, burlando a lei estabelecida. Mas a ideia da abolição já estava sendo discutida, principalmente pelas constantes reações de resistência dos escravizados, que não aceitavam sua situação.

Nesse período, intelectuais brasileiros, como o poeta Castro Alves, José do Patrocínio, Joaquim Nabuco, André Rebouças, Rui Barbosa, Luís Gama e Eusébio de Queirós, formaram um grupo abolicionista cujo objetivo era o combate ao trabalho escravo.

Pouco a pouco, foram assinadas leis para libertar os escravizados: em 28 de setembro de **1871**, foi assinada a **Lei do Ventre Livre**, que dava liberdade para os filhos de escravizados nascidos a partir daquela data, mas os deixava sob a tutela dos senhores até os 21 anos de idade; em 28 de setembro de **1885**, foi assinada a **Lei dos Sexagenários**, que dava liberdade aos escravos com mais de 65 anos; e, por fim, a **Lei Áurea**, que encerrou oficialmente a escravidão no Brasil, foi assinada pela princesa Isabel no dia 13 de maio de **1888**. Com essa lei, os africanos e seus descendentes estavam livres e aqueles que continuassem a trabalhar nas fazendas passariam a receber um salário.

Luís Gama, ex-escravizado, tornou-se um dos principais defensores do fim da escravidão. Ele buscava na justiça formas de garantir a liberdade às pessoas escravizadas.

ATIVIDADES

1 Por que o período histórico após a abdicação de Dom Pedro I ficou conhecido como Período Regencial?

_____
_____
_____
_____

2 Com o governo de Dom Pedro II, o país sofreu várias mudanças. Cite três dessas mudanças.

_____
_____
_____
_____

3 Que fatores favoreceram o desenvolvimento do cultivo do café no Rio de Janeiro?

_____
_____
_____

4 Que fatores favoreceram as plantações de café nas regiões Sudeste e Sul?

_____
_____
_____

5 Em seu caderno, responda: Quais leis decretadas no Segundo Império visavam combater a escravidão? Explique cada uma delas.

EU GOSTO DE APRENDER

Leia o que você estudou nesta lição.

- A família real portuguesa veio para o Brasil em 1808 fugindo das guerras que aconteciam na Europa.
- Assim que chegou a Salvador, o príncipe Dom João assinou um decreto que mandava abrir os portos da colônia para as nações amigas.
- Em 1815, o Brasil foi elevado a Reino Unido a Portugal e Algarves.
- Dom João VI voltou para Portugal em 1821, deixando no Brasil seu filho Dom Pedro como príncipe regente.
- O período de governo de Dom Pedro I (1822-1831) foi chamado de Primeiro Reinado.
- Com a renúncia de Dom Pedro I, em 1831, o governo foi exercido por regentes até que o herdeiro do trono, Pedro de Alcântara, alcançasse a maioridade.
- No governo de Dom Pedro II, o Brasil se desenvolveu com a expansão das lavouras de café.
- A campanha abolicionista para extinguir a escravidão no Brasil cresceu no final do Segundo Reinado.

ATIVIDADES

1 Explique o motivo que levou a família real portuguesa a vir para o Brasil.

_____
_____
_____
_____
_____

2 Como ficou conhecido o período em que o Brasil foi governado por Dom Pedro II?

_____

3 Complete o diagrama com as palavras que correspondem às frases a seguir.

a) Continente de onde vieram milhares de pessoas escravizadas para trabalhar no Brasil.

b) Principal produto cultivado nas fazendas do oeste paulista, onde milhares de escravizados trabalharam durante os anos 1800.

c) Poeta que fazia parte do grupo de abolicionistas do final do século XIX.

d) Comunidades que vivem em áreas de quilombos do passado.

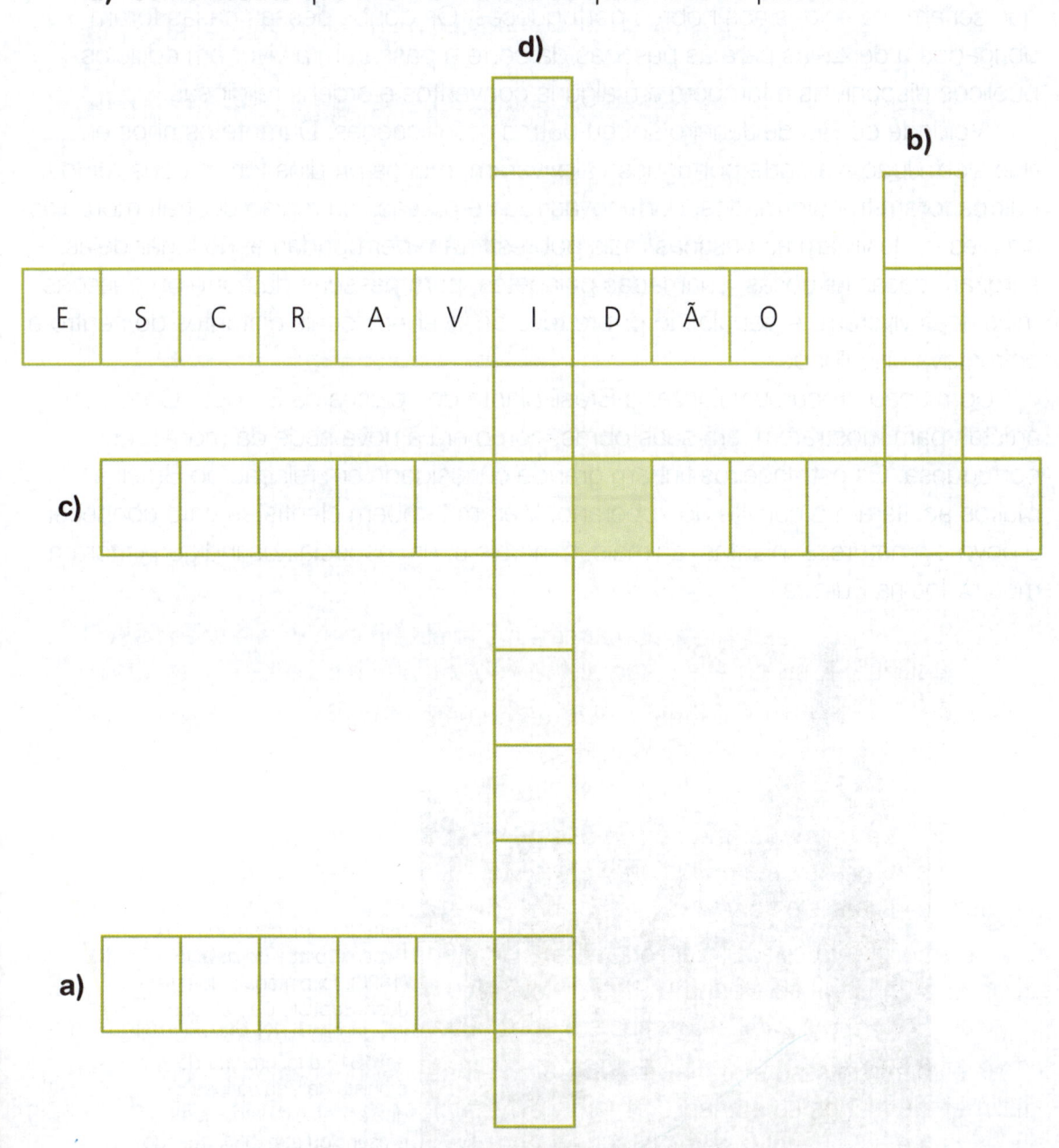

E S C R A V I D Ã O

EU GOSTO DE APRENDER MAIS

Quanta gente nova no Rio de Janeiro!

Quando Dom João veio com a família real para o Brasil, em 1808, trouxe também toda a corte portuguesa para o Rio de Janeiro, onde instalou a sede do governo. Era um enorme grupo, por volta de 10 mil pessoas.

Para instalar todas as pessoas, a cidade passou por uma mudança radical. Dom João deu ordem ao governador para escolher as melhores moradias, que seriam oferecidas aos nobres portugueses. Os donos dessas casas foram obrigados a deixá-las para as pessoas da corte e passaram a viver em edifícios públicos disponíveis e também em alguns conventos e ordens religiosas.

A cidade do Rio de Janeiro sofreu outras modificações. Durante os anos em que Dom João e a corte portuguesa ali viveram, muitos prédios foram construídos, bairros foram transformados, com novas ruas e praças. Na região central, moradias simples onde viviam as pessoas mais pobres foram derrubadas e, no lugar delas, surgiram casas luxuosas, chamadas palacetes, para pessoas da corte ou pessoas mais ricas viverem. A população pobre teve de viver em locais distantes do centro e enfrentava dificuldades.

Dom João procurou valorizar o Brasil diante dos países da Europa. Convidou artistas para mostrarem, em suas obras, como era a nova sede da monarquia portuguesa. Os estrangeiros tinham grande curiosidade em relação ao Brasil e muitos aceitaram o convite do soberano. Vieram também cientistas para conhecer o povo e a natureza: plantas, animais, minerais e, em especial, os indígenas foram mostrados na Europa.

Esta gravura, chamada *Uma tarde na praça do palácio* (1826), foi pintada pelo artista Jean-Baptiste Debret, que chegou ao Rio de Janeiro em 1816 e foi um grande cronista da vida carioca e dos acontecimentos que presenciou até 1831, quando voltou para a França.

1 Marque um **X** nas frases que se referem a medidas importantes adotadas por Dom João VI enquanto esteve no Brasil.

☐ Determinou a abertura dos portos, permitindo o comércio direto entre o Brasil e as nações aliadas a Portugal.

☐ Mandou construir uma estátua em homenagem aos povos indígenas.

☐ Estimulou a vinda de artistas para retratarem a nova sede da monarquia portuguesa.

2 Observe os adesivos da página 129, que reproduzem aquarelas de Jean-Baptiste Debret. Cole-os nos espaços corretos e descreva os ambientes representados pelo artista.

Como viviam os povos indígenas.

Os ambientes domésticos urbanos.

- Em sua opinião, qual das duas imagens despertou a curiosidade dos europeus?

_____

_____

LIÇÃO 8

A FORMAÇÃO DO POVO BRASILEIRO

Um país de vários povos

A população brasileira é bastante **miscigenada**. Isso ocorre em razão da mistura de diversos grupos humanos no país.

Antes da chegada dos portugueses, já havia no território milhares de pessoas. Eram os povos indígenas, os habitantes nativos dessas terras.

A população brasileira reúne uma enorme diversidade étnica. São pessoas de várias origens vindas de todas as partes do mundo.

Após 1500, os portugueses também começaram a fazer parte da população. Eles ocuparam a costa brasileira e, mais tarde, o interior. Algum tempo depois, foram trazidas pessoas de diversas regiões do continente africano. Indígenas, portugueses e africanos foram os três grupos que formaram, inicialmente, a sociedade brasileira.

- Há pessoas de origem indígena, africana ou portuguesa em sua família? Converse com os colegas sobre isso.

VOCABULÁRIO

miscigenada: misturada; formada pela mistura étnica de vários povos.

Os povos indígenas

Com a chegada dos europeus, os indígenas, primeiros habitantes dessas terras, passaram a viver sempre ameaçados pelos portugueses, que procuravam pessoas para trabalhar nos engenhos de cana-de-açúcar.

Para não serem obrigados a trabalhar nos engenhos nem a entrar em conflito com os portugueses, muitos povos indígenas abandonaram suas terras e fugiram para o interior do território. Grande parte deles, entretanto, foi aprisionada ou morta nas guerras que ocorreram e nos ataques feitos pelos europeus.

Geralmente, as regiões mais pobres do Brasil na época, como as terras dos atuais estados de São Paulo, Amazonas e Pará, usavam o trabalho do indígena escravizado.

Além disso, grupos de religiosos, chamados **jesuítas**, vieram para o Brasil com o objetivo de catequizar os povos indígenas. Eles fundaram as missões, que eram aldeamentos coordenados por padres nos quais os indígenas aprendiam os valores e os hábitos dos portugueses, como a religião católica.

Segundo os jesuítas, essas missões eram locais de proteção aos indígenas, pois eles estariam afastados dos colonizadores que tentavam escravizá-los.

Família de um chefe Camacá preparando-se para festa (1820), de Jean-Baptiste Debret. A obra do artista francês mostra como eram a moradia e as pinturas corporais desse grupo indígena no início do século XIX.

Aldeia de Tapuias (1835), de Johann Moritz Rugendas. O pintor alemão representa a interação entre indígenas e religiosos.

VOCABULÁRIO

catequizar: converter uma pessoa a uma crença ou doutrina religiosa.

ATIVIDADES

1 Relacione os povos a seguir a algumas de suas influências na sociedade brasileira atual.

1. Influências indígenas.

2. Influências africanas.

3. Influências portuguesas.

☐ Língua portuguesa; arquitetura; festas de boi, como o bumba meu boi e o boi de mamão.

☐ Ritmos musicais com atabaques e tambores; alimentos como o acarajé, a cocada e o azeite de dendê; eficiência em trabalhos com metais (metalurgia).

☐ Alimentos como a mandioca e o milho; nomes de vários animais da fauna brasileira, como arara e jacaré; artesanatos em barros e fibras naturais.

2 Marque **C** para as frases corretas e **E** para as erradas.

☐ Os portugueses já viviam no Brasil e, depois, vieram os indígenas.

☐ O povo brasileiro foi formado pela mistura de vários povos.

☐ A população brasileira é formada apenas por africanos.

☐ Os indígenas foram os primeiros habitantes destas terras.

☐ Após 1500, os portugueses passaram a fazer parte da população local.

Os africanos escravizados

Os africanos escravizados e seus descendentes foram trazidos para o Brasil para trabalhar nas lavouras de cana-de-açúcar, nos engenhos, na mineração e na casa de famílias ricas.

Além dessas atividades, muitos africanos trabalhavam nas cidades como escravizados de ganho e escravizados de aluguel. Os escravizados de ganho eram mandados pelos seus senhores para trabalhar nas ruas das cidades. O ganho desse trabalho era entregue para seus donos no final do dia e, caso não entregassem o valor combinado, poderiam ser castigados.

Alguns senhores alugavam pessoas escravizadas a pessoas interessadas para realizar trabalhos. A maior parte deles transportava mercadorias ou materiais de construção. As mulheres eram alugadas como amas de leite para amamentar os filhos das mulheres brancas.

Engenho manual que faz caldo de cana (1822), de Jean-Baptiste Debret. Aquarela sobre papel, 17,6 cm × 24,5 cm. Museus Castro Maya — IPHAN/MinC, Rio de Janeiro, RJ.

Escravos na colheita do café, fotografados por Marc Ferrez no Rio de Janeiro, RJ, em 1882.

Africana com tabuleiro carregando filho nas costas, fotografia de Christiano Júnior, s/d.

Ama de leite Mônica com Artur Gomes Leal, 1860.

105

A resistência à escravidão

Os escravizados, entretanto, não aceitavam passivamente as condições às quais eram submetidos. A rebeldia também fazia parte da realidade da escravidão e as revoltas eram constantes.

A forma mais organizada de resistência se deu por meio dos **quilombos**, que eram comunidades formadas por escravos fugitivos, onde também viviam indígenas e brancos. O principal quilombo brasileiro ficou conhecido por Palmares. Localizava-se na Serra da Barriga, no interior do atual estado de Alagoas.

O Quilombo dos Palmares existiu durante o século XVII e foi destruído após muitos ataques dos fazendeiros, em 1695. Seu líder, Zumbi, escapou e só foi morto dois anos depois. Sua cabeça foi exposta na praça central do Recife para que outros escravizados que quisessem seguir seu exemplo se lembrassem do final da história.

Casa construída do mesmo modo que faziam os quilombolas, no Parque Memorial Quilombo dos Palmares, Serra da Barriga, AL, 2010.

Atualmente, o Estado brasileiro tem procurado garantir os direitos dos descendentes de africanos escravizados que vivem nas terras de seus antepassados. Existem no país mais de 2600 comunidades cujas origens são antigos quilombos. Nesses locais **remanescentes** de quilombos, vive uma população que luta pelo reconhecimento de seu direito a essas terras.

No dia 20 de novembro, comemora-se o Dia da Consciência Negra em homenagem à data da morte de Zumbi dos Palmares.

VOCABULÁRIO

quilombo: "povoação" ou "acampamento" na língua quimbundo.
remanescente: sobrevivente, resistente.

ATIVIDADES

1 Considere a afirmação abaixo e responda às questões.

> Muitos escravizados não aceitavam passivamente as condições a que eram submetidos: fugiam e fundavam quilombos.

a) O que eram os quilombos?

_____

_____

_____

_____

b) Qual é o nome do quilombo que se localizava na Serra da Barriga, no interior do atual estado de Alagoas?

_____

c) Quem foi o líder desse quilombo?

_____

d) Em que dia esse líder é homenageado? Por quê?

_____

_____

_____

_____

2 Além do Quilombo dos Palmares, existiram outros quilombos em que os escravizados se refugiavam. Elabore no caderno uma pequena narrativa da fuga de um escravizado até sua chegada a um quilombo. Siga o roteiro.

- O que seu personagem terá de enfrentar até conseguir chegar ao quilombo?
- Ele será perseguido? Em caso afirmativo, por quem?
- Como ele será recebido no quilombo?

Europeus e asiáticos no Brasil

Os portugueses e seus descendentes faziam parte da população do período colonial. Eram proprietários de terras e engenhos, comerciantes que vendiam os produtos para fora do Brasil (exportadores) e os que compravam de Portugal e países amigos para vendê-los no Brasil (importadores). Havia também os comerciantes dos escravizados.

Até a descoberta das minas de ouro, na região de Minas Gerais e Goiás, a elite se concentrou no Nordeste. Eram os proprietários de engenho e as pessoas envolvidas com a venda do açúcar.

Entre a população livre, havia também um grupo em condições muitas vezes precárias: pequenos proprietários de terras, pequenos comerciantes, artesãos, trabalhadores especializados, lavradores e vaqueiros.

Outras pessoas livres começaram a fazer parte da sociedade brasileira na virada dos anos 1800 para os anos 1900. Eram os **imigrantes**. Eles vieram de países europeus, especialmente da Alemanha e da Itália, para trabalhar no Brasil – principalmente nas fazendas de café que surgiam na região de São Paulo. Muitos imigrantes foram bem-sucedidos, outros voltaram para seu país de origem sem conseguir o que desejavam.

O mesmo sonho de uma vida melhor trouxe para o Brasil povos de outros continentes, como os japoneses. Eles chegaram aqui em 1908 para trabalhar no campo. Muitos desses imigrantes deixaram o campo para trabalhar nas cidades, em especial nas indústrias que começaram a se instalar e também no comércio, como nos armazéns, nas lojas e nos restaurantes.

Milhares de imigrantes italianos vieram para o Brasil no fim do século XIX e início do século XX. Muitos trabalhavam nas plantações de café. Na foto, colheita de café em fazenda do interior de São Paulo, em 1910.

Hoje, além dos indígenas e dos afrodescendentes, o povo brasileiro é composto por descendentes de portugueses, italianos, espanhóis, alemães, japoneses, sírios, libaneses e de muitos outros povos, vindos do mundo inteiro.

ATIVIDADES

1 Complete o quadro com as atividades que os grupos realizavam na colônia.

Grupo	Atividade realizada
Comerciantes exportadores	_____
Comerciantes importadores	_____
Comerciantes de escravizados	_____
Pequenos proprietários de terra, pequenos comerciantes, artesãos, trabalhadores especializados, lavradores e vaqueiros	_____

2 Complete as frases. Se considerar necessário, consulte o banco de palavras.

> comerciantes   escravizados   elite
> livres   Nordeste   colonial

a) As pessoas _____ também faziam parte da população do período _____.

b) Havia também os _____ de _____.

c) A _____ se concentrou no _____.

109

EU GOSTO DE APRENDER

Leia os assuntos que você estudou.

- À medida que os portugueses conquistavam as terras que hoje compreendem o Brasil, os povos indígenas foram sendo expulsos de suas terras e forçados a fugir para o interior do território.
- Padres jesuítas reuniam indígenas em locais chamados missões, onde os catequizavam.
- Os africanos trazidos à força para ser escravizados originavam-se de vários povos do continente africano.
- As pessoas escravizadas resistiam à escravidão, em geral, por meio de fugas para os quilombos.
- Atualmente, os afrodescendentes lutam por seus direitos e muitos deles se destacam em diversos setores da sociedade.
- Para garantir o trabalho nas grandes fazendas, os grandes proprietários apoiaram a vinda de imigrantes.
- A partir do fim do século XIX, chegaram ao Brasil milhares de italianos, alemães, espanhóis, japoneses, sírios e libaneses.

ATIVIDADES

Agora vamos retomar alguns conteúdos desta e de outras lições que estudamos anteriormente para refletir sobre como aconteceu a formação do povo brasileiro ao longo do tempo. Para isso, responda às questões a seguir.

1. Quando os portugueses chegaram ao Brasil em 1500 encontraram vários grupos indígenas. Observe a imagem e comente o que surpreendeu os portugueses e o que surpreendeu os indígenas.

O artista Benedito Calixto imaginou como poderia ter sido a chegada dos portugueses ao litoral paulista na obra *Fundação de São Vicente* (1900). Óleo sobre tela, 192 cm × 385 cm. A região de São Vicente se desenvolveu com base no cultivo de cana-de-açúcar.

2 O que eram as missões jesuíticas?

3 Durante mais de 300 anos ocorreu a escravidão dos africanos no Brasil. Na época, o escravizado não tinha direito ao próprio nome nem a uma família. Como essas pessoas escravizadas mantiveram suas tradições? Escolha uma alternativa e justifique sua escolha.

a) Aderiram com facilidade aos costumes do Brasil.

b) Lutaram para defender suas crenças e costumes trazidos da África.

c) Não se importavam em manter suas tradições.

d) Transmitiam seus conhecimentos aos mais jovens ou a outros companheiros de cativeiro, por via oral.

4 Por que houve a implantação da escravidão africana no Brasil?

5 Assinale as três alternativas que revelam as condições de transporte dos escravizados africanos para o Brasil.

   a) O transporte era realizado nas mais precárias condições.

   b) A alimentação era composta principalmente de farinha e carne-seca.

   c) O excessivo número de pessoas em pequeno espaço gerava muitas doenças.

   d) As doenças eram tratadas.

6 Circule as duas alternativas que se referem às formas como os africanos transformados em escravizados no Brasil resistiram à escravidão. Justifique sua resposta no caderno.

   a) Fugiam das fazendas.

   b) Refugiavam-se em quilombos.

   c) Lutavam uns com os outros.

   d) Procuravam emprego nas cidades.

7 Marque com um **X** a definição de quilombo.

   ☐ Nome dado aos vilarejos fundados por portugueses na Serra da Barriga.

   ☐ Povoado onde viviam africanos ou afrodescendentes que fugiam da escravidão e também brancos pobres e indígenas.

   ☐ Nome dado ao escravizado que se revoltava contra seu senhor.

   ☐ População que vivia em nossa terra quando os portugueses chegaram.

8 No passado os africanos escravizados não tinham os mesmos direitos que as outras pessoas. Na atualidade, no Brasil, todos os brasileiros possuem os mesmos direitos. Reflita sobre isso e assinale as duas alternativas corretas.

   a) Na atualidade, atos de preconceitos contra afrodescendentes são considerados crimes no país.

   b) No Brasil, atualmente, não existe discriminação em relação aos afrodescendentes.

   c) Os afrodescendentes, atualmente, conseguem os mesmos empregos e os mesmos salários que os demais cidadãos.

   d) O preconceito existente em relação aos afrodescendentes é responsável por muitos problemas sociais que ainda existem no Brasil.

9 Após a abolição da escravatura, em vez de dar emprego aos ex-escravizados, preferiu-se a mão de obra dos estrangeiros que chegavam como imigrantes no Brasil. Escreva a seguir o que significa "imigrantes".

_____

_____

_____

10 Após a abolição da escravatura, os ex-escravizados passaram a viver com mais dignidade?

_____

11 Os africanos e seus descendentes deixaram muitas marcas na nossa cultura. Pesquise e registre em seu caderno algumas influências africanas:

   a) na alimentação;
   b) nas festas e danças;
   c) nos saberes e na tecnologia.

12 No fim do século XIX, entraram no Brasil muitas pessoas que vinham de países da Europa. Assinale as duas alternativas que correspondem aos motivos que levaram essas pessoas a migrar para o Brasil.

   a) Os graves problemas econômicos em seu país de origem.
   b) A grande oferta de emprego em seus países de origem.
   c) O incentivo do governo brasileiro.
   d) Pretendiam visitar novos lugares.

13 Assinale a alternativa que corresponde à origem dos primeiros imigrantes que chegaram ao Brasil no fim do século XIX.

   a) Japão e Alemanha.
   b) Alemanha e Itália.
   c) Itália e Espanha.
   d) Portugal e Japão.

14. No fim do século XIX, muitos europeus que não viam mais condições de sobreviver em seus países optaram por recomeçar a vida em outro lugar.

O Brasil representava uma boa alternativa, uma vez que precisava de mão de obra nas fazendas de café e de pessoas para povoar parte do território que estava desocupado. Os imigrantes conseguiram melhorar de vida ao começar a trabalhar nas fazendas de café do Brasil?

_____

_____

_____

15. A vinda de imigrantes para o Brasil teve uma profunda influência na sociedade brasileira e na formação de seu povo. Na origem de sua família tem algum imigrante estrangeiro? Se a resposta for afirmativa, indique de onde veio ou vieram essas pessoas.

_____

_____

_____

_____

16. Apesar de grandes dificuldades de adaptação e de condições de vida, os imigrantes procuraram manter seu estilo de vida, preservando os costumes do país de origem. Em sua casa ou na família, vocês têm alguma tradição ou hábito ligados aos seus antepassados? Escreva sobre esse costume.

_____

_____

_____

_____

17 Os brasileiros, atualmente, trazem em seus hábitos e no cotidiano muitas heranças de imigrantes, indígenas e afrodescendentes. Complete as frases com exemplos dessas heranças.

a) Hábito herdado dos indígenas: _____

b) Comida aprendida com os sírios e libaneses: _____

c) Festa religiosa de origem italiana: _____

d) Tipo de música herdado dos afrodescendentes: _____

18 Assim como os imigrantes que vieram da Europa para o Brasil em busca de uma vida melhor, muitas pessoas deixam a cidade e mesmo o estado em que nasceram para tentar morar em outras localidades do próprio país. Elas são classificadas como migrantes. Por que essas pessoas fazem isso?

_____

_____

_____

_____

19 Sabemos que a cultura brasileira é formada pela soma das tradições e dos costumes trazidos de diferentes povos. Marque a alternativa verdadeira.

a) O imigrante alemão difundiu no Brasil a arquitetura germânica, contribuiu para o desenvolvimento urbano e da agricultura familiar, introduziu no país o cultivo do trigo e a criação de suínos.

b) O imigrante italiano difundiu no Brasil o gosto por pratos à base de peixe, como *sushi* e *sashimi*, contribuiu para o desenvolvimento urbano e da agricultura familiar, introduziu no país o cultivo do trigo e a criação de suínos.

c) O imigrante japonês difundiu no Brasil festas a santos católicos como San Genaro, contribuiu para o desenvolvimento urbano e da agricultura familiar, introduziu no país o cultivo do trigo e a criação de suínos.

d) O imigrante espanhol difundiu no Brasil a arquitetura baseada na religião budista, contribuiu para o desenvolvimento urbano e da agricultura familiar, introduziu no país o cultivo do trigo e a criação de suínos.

20 Complete as frases a seguir.

a) A população brasileira foi formada por _____, _____, _____ e _____ de outras nacionalidades.

b) O território brasileiro já era habitado, antes da chegada dos portugueses, por muitos povos _____.

c) Os povos _____ foram trazidos à força, inicialmente para trabalhar nos _____.

d) Os _____, por sua vez, vieram para trabalhar na _____ e nas _____ que começavam a surgir nas cidades.

21 Marque com um **X** as frases corretas.

☐ Com a conquista do Brasil por europeus, a maior parte dos povos indígenas desapareceu, vítima de guerras ou de doenças.

☐ Nunca houve escravização de indígenas no Brasil colonial.

☐ Atualmente, os povos indígenas lutam para conservar seus costumes, sua língua e sua religião e para ter terra onde morar.

22 Pesquise e escreva um texto sobre quais tradições estão presentes no seu dia a dia e quais delas você gostaria de preservar para seus descendentes.

_____
_____
_____
_____
_____

23 Atualmente, o processo de imigração ainda acontece em diferentes países. Em sua opinião, quais são as possíveis causas que levam uma pessoa a sair de seu país para viver em outro?

_____
_____
_____
_____
_____

24 Você acha que os imigrantes e seus costumes são respeitados em nosso país?

_____
_____
_____
_____

25 Pesquise notícias ou reportagens que tratem de fatos que relatem preconceito cultural. Após analisá-las, escreva sua opinião.

_____
_____
_____

26 O que você entende por preconceito racial? Dê exemplos.

_____
_____
_____
_____

27 Pesquise se, na atualidade, no Brasil, os afrodescendentes têm os mesmos direitos que os outros cidadãos.

_____
_____
_____

28 Atualmente, os afrodescendentes conseguem os mesmos empregos e os mesmos salários que os demais cidadãos? Explique.

_____
_____

29 Pesquise o assunto e elabore um texto que fale sobre a situação dos afrodescendentes na atualidade. Comente principalmente como é em relação ao trabalho, ao estudo e aos preconceitos que sofrem. Explique os fatos históricos que levaram à situação atual.

_____
_____
_____
_____
_____

30 Pesquise em revistas e *sites* de História os países africanos atuais que têm como língua oficial o português. Liste-os a seguir e, depois, escreva com suas palavras a razão histórica para esse fato.

_____
_____
_____
_____
_____

EU GOSTO DE APRENDER MAIS

Uma dívida histórica com os afrodescendentes

Depois de serem escravizados por mais de 350 anos, a assinatura da Lei Áurea não garantiu aos africanos e seus descendentes os direitos fundamentais, como ter um lugar para morar, poder sobreviver e se alimentar de modo saudável, estudar e ter um trabalho digno, por exemplo.

O governo brasileiro da época e os grandes fazendeiros não se preocuparam em criar leis e incentivos para que ex-escravizados obtivessem os mesmos direitos de pessoas de outras origens. A maioria dessa população passou a viver em habitações precárias, fazendo trabalhos mal remunerados nas cidades ou no campo, ou simplesmente continuaram nas fazendas, para garantir pelo menos a alimentação diária que recebiam em troca de trabalho.

Os ex-escravizados enfrentaram dificuldades, porque na época da abolição os fazendeiros já estavam contratando imigrantes europeus empobrecidos, de países como Itália, Alemanha e Espanha, para trabalharem como assalariados nas fazendas.

Os afrodescendentes passaram a ser discriminados, ou seja, passaram a sofrer preconceito, por terem a pele negra, por serem ex-escravizados, por terem costumes diferentes, por exemplo, em relação à religião e ao tipo de música de que gostavam.

Assim, durante muitos anos, o samba e a capoeira, manifestações culturais introduzidas no Brasil por descendentes de africanos, foram proibidos por lei. Quem fosse pego dançando samba ou jogando capoeira era preso.

Esta foto de Augusto Malta, feita em 1910, retrata uma família de descendentes de africanos escravizados, moradora do Morro da Babilônia, no Rio de Janeiro. É um registro das condições precárias nas quais muitos grupos afrodescendentes passaram a viver após a abolição da escravatura no Brasil.

A cultura brasileira é afrodescendente

Hoje no Brasil há uma grande presença de elementos africanos em quase todos os aspectos de nossa vida. Veja nas imagens a seguir alguns desses elementos presentes na cultura e nos costumes brasileiros.

Noite dos Tambores Silenciosos. Cortejo de Maracatu Leão Coroado até a Igreja Nossa Senhora do Rosário dos Homens Pretos, em Olinda, PE, 2018.

Festa de São Benedito com Grupo Congado Nossa Senhora do Rosário dos Quilombolas de Berilo, Minas Novas, MG, 2016.

ATIVIDADE COMPLEMENTAR

Faça uma pesquisa em livros, em revistas ou na internet e escreva sobre os movimentos atuais dos afrodescendentes para reparar as consequências da escravidão e reconhecer e valorizar seus direitos. Compartilhe os resultados de sua pesquisa com o professor e com os colegas.

LEIA MAIS

Meu avô italiano

Thiago Iacocca. São Paulo: Panda Books, 2010.

Revendo as fotos da família ao lado do avô, Tito descobre como era a vida de seus parentes na Itália, por que eles vieram para o Brasil e como foi a adaptação ao novo país.

LIÇÃO 9
DATAS COMEMORATIVAS

Dia do Indígena

No dia 19 de abril, comemora-se a presença indígena na cultura brasileira. Nessa data, fazemos uma homenagem aos primeiros habitantes de nosso território.

A partir de 1500, alguns grupos indígenas viveram ao lado de europeus e africanos e com eles se relacionaram, formando famílias. Por isso, muitos brasileiros têm um tataravô, um bisavô ou mesmo um avô indígena.

ATIVIDADE

Os povos indígenas brasileiros possuem um enorme conhecimento sobre a natureza. Com eles, os europeus aprenderam a consumir diversos alimentos, incluindo raízes, plantas, sementes e frutos.

- Observe a cena abaixo, de crianças indígenas. Circule os elementos que fazem parte da cultura desse povo.

> colar   enfeites de madeira no nariz   pulseira
> alimentos   pintura no rosto   bracelete

Preparativos dos meninos na Aldeia Aiha da etnia Kalapalo para a dança da taquara, Querência, MT, 2018.

Dia da Libertação dos Escravizados

No dia 13 de maio de 1888, a princesa Isabel assinou a Lei Áurea, que libertou a população escravizada no Brasil.

Esta cena representa homens escravizados caminhando pelas ruas do Rio de Janeiro. *Negros acorrentados levando para a cadeia o jantar que foram buscar no Hospício da Misericórdia* (1820), aquarela sobre papel de Jean-Baptiste Debret.

MUSEUS CASTRO MAYA, RIO DE JANEIRO

ATIVIDADE

Complete as frases a seguir, substituindo os ícones pelas letras correspondentes, e descubra como as pessoas escravizadas no Brasil conquistaram a liberdade.

A = ☺	CA = ✉	FRI = ✈	NOS = ☎
BO = 🩸	LOM = ★	SAL = ❤	QUI = ▫
VA = ❄	ÇÃO = ❀	DOR = ✏	LI = ○

- Por volta de 1530, os primeiros ☺ ✈ ✉ ☎ _____ escravizados chegaram ao Brasil.

- Ainda no século XVI, pessoas escravizadas na região de Pernambuco fugiram e fundaram o ▫ ★ 🩸 _____ dos Palmares, uma fortaleza que resistiu por mais de cem anos a diversos ataques.

- Em 1835, africanos da cidade de ❤ ❄ ✏ _____, na Bahia, lutaram contra a escravidão na Revolta dos Malês.

- No século XIX, pessoas que não concordavam com a escravidão passaram a lutar pela sua ☺ 🩸 ○ ❀ _____. Por isso, foram chamadas abolicionistas.

123

Dia do Imigrante

O dia 25 de junho é o Dia do Imigrante. Imigrante é uma pessoa que sai do lugar em que mora para viver em outra região por vontade própria.

Ao longo de sua história, o Brasil recebeu muitos imigrantes, de países como Portugal, Espanha, Itália, Alemanha e Japão. Eles ajudaram na formação do nosso país, ao lado dos primeiros moradores desta terra, os indígenas, e dos povos trazidos da África.

Cada imigrante trouxe seus costumes, que se misturaram aqui no Brasil. Por isso, a cultura brasileira é tão rica e variada!

> Sua família tem algum imigrante? Você conhece alguém que tenha um parente nascido no exterior? Descubra de onde eles vieram e o que trouxeram de novo para a cultura brasileira.

ATIVIDADE

Escolha e destaque da página 260 um dos adesivos das nacionalidades que vieram para nosso país.

- Cole o adesivo escolhido no espaço a seguir e preencha a ficha.

Este é o povo: _____.

Uma característica dele é: _____.

Outra característica: _____.

Dia da Independência

Com a chegada dos portugueses, em 1500, o território do Brasil tornou-se **colônia** de Portugal. Durante muitos anos, os portugueses exploraram as riquezas destas terras e obtiveram muito lucro.

Em diferentes partes do Brasil e em diferentes momentos, muitas pessoas lutaram e até morreram para tentar tornar o país independente de Portugal.

Entretanto, a independência do nosso país só ocorreu em 7 de setembro de 1822, quando o príncipe regente Dom Pedro, filho do rei de Portugal, decidiu que não obedeceria mais às ordens vindas daquele país.

A partir dessa data, o Brasil passou a ser um **império**.

Dom Pedro I foi o primeiro governante do Brasil após nosso país se tornar independente. *Coroação do Imperador Dom Pedro I* (1828), de Jean-Baptiste Debret.

ATIVIDADE

Marque um **X** nas respostas que completam as frases.

a) A Independência do Brasil foi proclamada em:

☐ 13 de maio de 1888.

☐ 22 de abril de 1500.

☐ 7 de setembro de 1822.

b) Quem proclamou a Independência do Brasil foi:

☐ o navegador Pedro Álvares Cabral.

☐ o príncipe regente Dom Pedro.

☐ o rei Dom Manuel.

Dia da Cultura Brasileira

O Dia da Cultura Brasileira é comemorado em 5 de novembro.

Cultura é tudo que expressa os costumes e as tradições de um povo. As receitas culinárias, a língua, as roupas, as artes, as moradias, as brincadeiras, as religiões e as festas de cada povo fazem parte de sua cultura.

> Em cada parte do país existem manifestações culturais diferentes umas das outras.
> É importante e divertido conhecer e valorizar a cultura brasileira!

ATIVIDADES

1 Uma das marcas da cultura é a culinária. E a cultura brasileira está cheia de comidas deliciosas!

- Escolha e destaque da página 261 um dos pratos típicos da culinária brasileira e cole no espaço a seguir.
- Você conhece essa comida? Gostaria de prová-la? Escreva ao lado desse prato típico do Brasil a sua opinião.

2 Você conhece alguma manifestação cultural da localidade onde vive? Uma comida típica, uma festa ou dança?

- Faça um desenho dessa manifestação no espaço a seguir.
- Você também pode pesquisar em revistas e na internet, recortar e colar fotos dessa manifestação cultural.

Dia da Proclamação da República

Durante muitos anos, o Brasil foi um **império**. Ao longo do século XIX, o país foi governado pelos imperadores Dom Pedro I e Dom Pedro II.

Muitos brasileiros desejavam mudar a forma de governo. Para isso, iniciaram uma campanha para que o Brasil tivesse um governo republicano e democrático, isto é, um governo eleito pelo povo. Para isso, fundaram o Clube Republicano, que, mais tarde, teve o apoio dos militares descontentes com o Império.

No dia 15 de novembro de 1889, o marechal Deodoro da Fonseca proclamou a **República**. O Brasil, então, passou a ser governado por um presidente.

O primeiro presidente do país foi o próprio marechal Deodoro da Fonseca.

Proclamação da República (1893), de Benedito Calixto. Óleo sobre lona, 123,5 cm × 200 cm. Pinacoteca do Estado de São Paulo.

ATIVIDADE

Quem é o(a) atual presidente da República do Brasil?

- Recorte de jornais ou revistas uma foto dele(a) e escreva seu nome.

Dia Nacional da Consciência Negra

O Dia Nacional da Consciência Negra é comemorado em 20 de novembro.

É uma data muito importante para a história do Brasil. Serve para lembrar a luta de homens e mulheres que foram trazidos à força da África para cá. Aqui, eles e seus filhos foram obrigados a trabalhar em regime de escravidão.

Mais da metade dos brasileiros tem antepassados afrodescendentes. Por isso, é importante que exista uma data especial para homenageá-los e para lembrar suas lutas pela liberdade.

Você sabe por que o dia 20 de novembro foi escolhido para essa comemoração?
É uma homenagem a Zumbi dos Palmares, que lutou contra a escravidão no Brasil por muitos anos.
Ele foi morto em 20 de novembro de 1695.

ATIVIDADE

Vamos homenagear a história do povo afrodescendente? Pinte o desenho de Mariana, conforme o modelo.

EU GOSTO DE APRENDER

Revise os tópicos estudados nesta lição.

- Em homenagem aos primeiros habitantes do Brasil, 19 de abril é o Dia do Indígena.
- No dia 13 de maio, comemoramos a libertação da população escravizada no Brasil.
- 25 de junho é o Dia do Imigrante.
- Em 7 de setembro, comemoramos a independência do Brasil.
- O Dia da Cultura Brasileira é comemorado em 5 de novembro.
- 15 de novembro é o Dia da Proclamação da República no Brasil.
- O Dia Nacional da Consciência Negra é comemorado em 20 de novembro.

ATIVIDADES

1 Sobre a independência do Brasil, converse com os colegas.

a) Para você, o que é um país independente? Justifique.

b) Em sua opinião, o Brasil é um país independente? Explique.

c) Há quantos anos o Brasil é um país independente?

2 Complete as frases sobre a proclamação da república no Brasil.

a) Foi o _____ quem proclamou a república.

b) A República foi proclamada no dia _____.

c) Em um governo republicano e democrático, o governante é _____.

3 Marque **C** para as frases certas e **E** para as erradas. No caderno, corrija as frases erradas.

☐ Os escravizados vinham da Espanha.

☐ Os escravizados vinham em embarcações que cruzavam o Oceano Atlântico.

☐ Zumbi dos Palmares lutou pela liberdade dos europeus e seus descendentes.

☐ Os afrodescendentes representam mais da metade da população brasileira.

Coleção Eu gosto m@is

GEOGRAFIA

CÉLIA PASSOS

Cursou Pedagogia na Faculdade de Ciências Humanas de Olinda – PE, com licenciaturas em Educação Especial e Orientação Educacional. Professora do Ensino Fundamental e Médio (Magistério) e coordenadora escolar de 1978 a 1990.

ZENEIDE SILVA

Cursou Pedagogia na Universidade Católica de Pernambuco, com licenciatura em Supervisão Escolar. Pós-graduada em Literatura Infantil. Mestra em Formação de Educador pela Universidade Isla, Vila de Nova Gaia, Portugal. Assessora Pedagógica, professora do Ensino Fundamental e supervisora escolar desde 1986.

5ª edição
São Paulo
2022

4º ANO
ENSINO FUNDAMENTAL

IBEP

SUMÁRIO

LIÇÃO		PÁGINA
1	**Terra, o nosso planeta**	**134**
	• O Sistema Solar	135
	• Movimentos da Terra	137
	• Representações da Terra	141
	• Linhas imaginárias	142
	• Coordenadas geográficas	145
	• Mapas e escalas	150
	• Desenhando o Brasil	161
2	**O município**	**163**
	• Você vive em um município	164
	• Limites municipais	166
	• Atividades nos municípios	170
	• Símbolos municipais	174
3	**Meu município**	**176**
	• O município onde eu vivo	176
	• Os serviços públicos	178
	• A administração do município	181
	• Ser cidadão	186
	• Os cidadãos do município e o lazer	188
4	**O relevo e a hidrografia do planeta**	**191**
	• O relevo	191
	• Rios	195
	• Lagos e lagoas	197

LIÇÃO		PÁGINA
5	**Zonas climáticas do planeta**	**204**
	• Os diferentes climas	205
	• Os climas do Brasil	209
	• Características das regiões	213
6	**A vegetação do planeta**	**215**
	• Tundra	216
	• Floresta de coníferas	216
	• Floresta temperada	218
	• Vegetação de altitude	218
	• Estepe	218
	• Floresta tropical	220
	• Vegetação mediterrânea	220
	• Savana	222
	• Vegetação de deserto	222
	• A vida animal em alguns tipos de vegetação	227
7	**A natureza e a paisagem**	**229**
	• O que é paisagem?	230
	• Mudanças causadas por erosão e chuvas	230
	• Mudanças causadas por terremotos	231
	• Mudanças causadas por vulcões	232
	• Construções inteligentes	235
8	**O ser humano e a paisagem**	**237**
	• Cidade	238
	• Campo	238
	• Poluição do ar	240
	• Poluição dos rios, lagos e mananciais subterrâneos	241
	• Poluição de rios	242
	• Reciclar para um planeta mais saudável	248

ALMANAQUE **251**

ADESIVO **257**

LIÇÃO 1 — TERRA, O NOSSO PLANETA

Nosso planeta tem a forma aproximada de uma **esfera** achatada nos **polos**. Veja a imagem a seguir da Terra.

Observando a imagem podemos identificar uma enorme porção de área azul que corresponde à água presente nos mares e oceanos. Os continentes aparecem como manchas marrons e verdes. O planeta Terra faz parte do Sistema Solar, que é um dos muitos sistemas existentes no Universo.

VOCABULÁRIO

esfera: corpo redondo em sua extensão, como uma bola de futebol.
polo: cada uma das extremidades da Terra, definidas como Polo Norte e Polo Sul.

O Sistema Solar

O Sistema Solar é composto pelo Sol, que é uma estrela, e oito planetas.

Vivemos no planeta Terra, que é um dos corpos celestes do Sistema Solar.

Um **planeta** é um corpo celeste que gira ao redor de uma estrela e adquire forma arredondada pela força da gravidade. **Estrela**, por sua vez, é uma grande e luminosa esfera que atrai outros corpos pela força da gravidade. A estrela mais próxima da Terra é o Sol.

O conjunto de todos os planetas, cometas, asteroides e demais partículas que giram ao redor do Sol, atraídos pela força da gravidade, forma o **Sistema Solar**.

Os seres humanos sempre olharam para o céu com curiosidade, tentando descobrir o que existia "lá fora". Algumas sociedades mais antigas acreditavam em deuses e deusas que viveriam nas estrelas ou em algum local desse espaço. O Sol foi muitas vezes considerado um deus.

Há muito tempo, os cientistas começaram a observar e a estudar os astros e perceberam movimentos e mudanças. Houve uma longa época em que se acreditou que a Terra era o centro do Universo e os demais corpos celestes, inclusive o Sol, giravam em torno dela.

Entretanto, nos séculos XV e XVI cientistas desenvolveram a teoria de que eram os planetas que giravam em torno do Sol, o que pôde mais tarde ser comprovado com a invenção do telescópio. Também se verificou que a própria Terra girava em torno de si mesma e isso acontecia com outros corpos celestes.

Estudiosos, então, começaram a mapear os demais planetas no Sistema Solar. Os conhecidos atualmente são Mercúrio, Vênus, Terra, Marte, Júpiter, Saturno, Urano e Netuno. Há ainda cinco **planetas-anões**: Ceres, Plutão, Haumea, Éris e Makemake.

Além de planetas, os astrônomos estudam: os **cometas** – "bolas" de gelo envoltas em uma cauda gasosa, que se deslocam pelo espaço sideral; os **asteroides** –

135

corpos rochosos de estrutura metálica que giram também em torno do Sol; e os **meteoritos**, fragmentos dos rochosos e asteroides, cometas e até planetas de tamanhos variados que também circulam no espaço e, às vezes, chocam-se com outros corpos celestes, inclusive com a Terra.

Algumas crateras abertas pelo choque com meteoritos podem chegar a quilômetros de diâmetro.

Alguns planetas, como Saturno, apresentam **anéis planetários**, isto é, cinturões de partículas de gelo e poeira que gravitam ao seu redor. Muitos planetas, como o nosso, também têm **satélites**, que são fragmentos que giram ao redor do planeta maior. A Terra tem apenas um satélite, que chamamos de Lua. Já Saturno tem 47 luas! Essas luas adquirem formato arredondado por causa da gravitação e do atrito com asteroides e outros fragmentos.

Existe vida no nosso planeta porque aqui existem as condições básicas para a manutenção da vida: a Terra está envolvida pela **atmosfera** – uma fina camada de ar e vapor de água que contém o oxigênio, um gás que as criaturas vivas necessitam – e também tem água.

O único satélite natural da Terra é a Lua.

ATIVIDADES

1 O que é planeta?

_____

_____

2 Quais são os menores planetas do Sistema Solar? Como eles são chamados?

_____

_____

3 Associe corretamente as duas colunas.

A Estrela

B Planeta

C Cometa

D Lua

☐ Tem um núcleo formado por gelo e uma cauda gasosa.

☐ Fragmento que gira ao redor do planeta e adquire forma arredondada.

☐ Corpo celeste que gira ao redor de uma estrela e adquire forma arredondada.

☐ Corpo celeste luminoso que produz energia e atrai outros corpos pela força da gravidade.

4 Complete as frases corretamente.

a) Planeta dotado de anéis e que tem 47 luas: _____.

b) O conjunto de todos os planetas, cometas, asteroides e demais partículas que giram ao redor do Sol, forma o _____.

c) Cientista que estuda os astros e o espaço: _____.

d) Planeta do Sistema Solar onde há vida: _____.

Movimentos da Terra

Você já observou o "nascer" e o "pôr" do Sol? Como é o "movimento" do Sol? Será que é o Sol que se movimenta? Ou será que é a Terra que se movimenta ao redor dele? E a Lua e as estrelas, será que também se movimentam?

Embora não pareça, é a Terra que se movimenta ao redor do Sol, e não o contrário. Como estamos nela e nos deslocamos juntos, não percebemos seu movimento.

O planeta Terra se move constantemente: gira em torno de si mesmo, ou seja, em torno do próprio eixo, e se movimenta ao redor do Sol.

MOVIMENTO APARENTE DO SOL

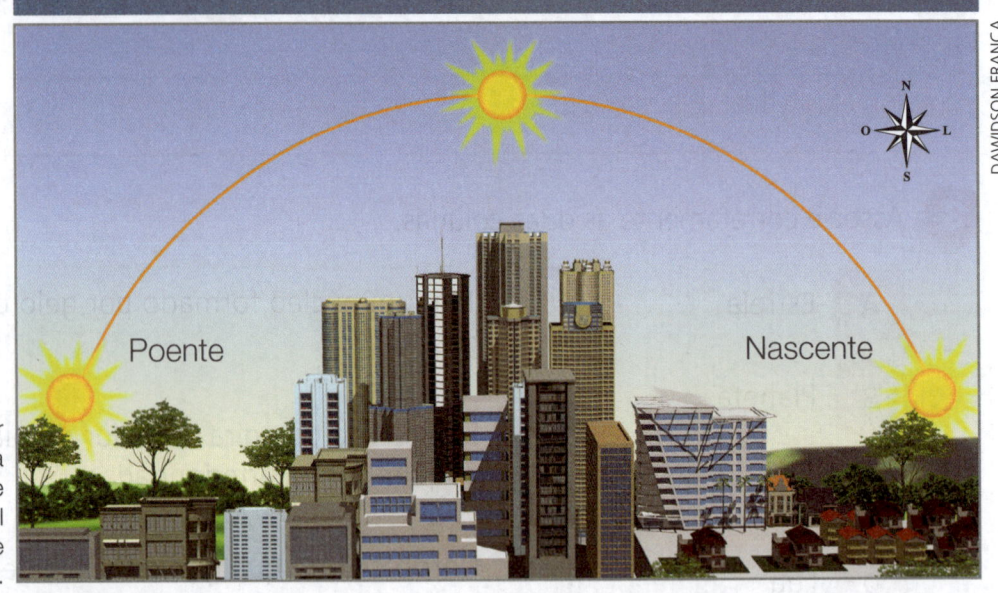

Poente

Nascente

Um observador localizado na superfície terrestre afirmará que o Sol nasce do lado leste do planeta.

Rotação e translação

O giro da Terra em torno de si mesma dá origem aos dias e às noites. Esse movimento é chamado **rotação**. O sentido desse movimento terrestre é de oeste para leste e o tempo que a Terra leva para dar uma volta completa em torno de si mesma é, aproximadamente, 24 horas, período correspondente a um dia.

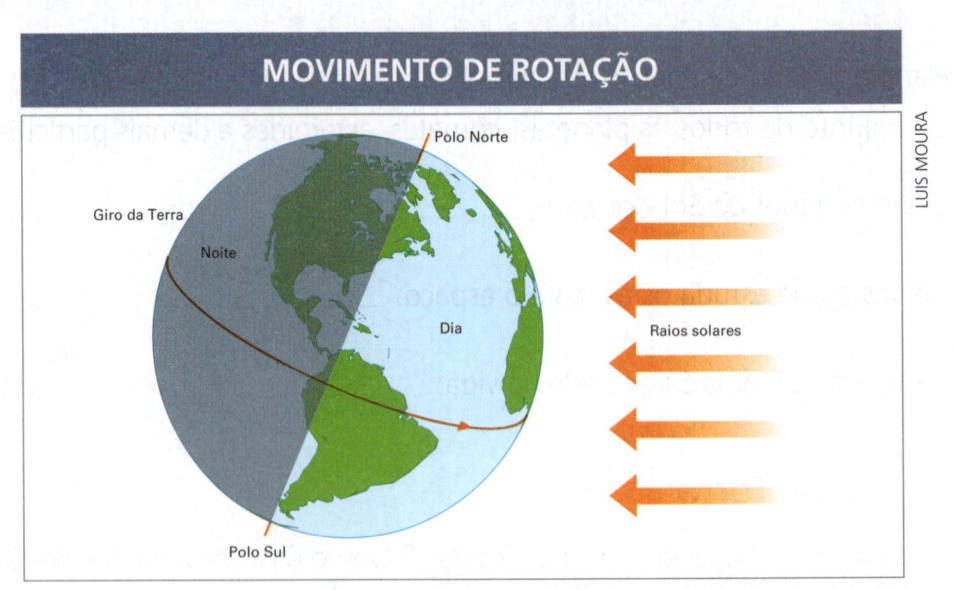

MOVIMENTO DE ROTAÇÃO

Polo Norte
Giro da Terra
Noite
Dia
Raios solares
Polo Sul

Os raios solares não iluminam toda a superfície terrestre ao mesmo tempo. Assim, quando o Hemisfério Oeste está iluminado, é dia nessa face da Terra e noite no Hemisfério Leste.

Ao mesmo tempo em que gira em torno de si mesma, a Terra faz uma trajetória ao redor do Sol. Esse movimento é chamado **translação**. Para dar uma volta completa ao

138

redor do Sol, a Terra leva 365 dias, 5 horas, 48 minutos e 46 segundos, o que equivale a, aproximadamente, um ano terrestre.

No calendário que utilizamos, o ano tem 365 dias, e sobram 5 horas, 48 minutos e 46 segundos. Esse tempo restante é somado a cada 4 anos para equivaler a mais um dia inteiro. Por isso, nosso calendário foi ajustado para ter um dia a mais, a cada 4 anos, no mês mais curto, fevereiro, que fica com 29 dias. O ano em que fevereiro fica com um dia a mais é chamado **ano bissexto**.

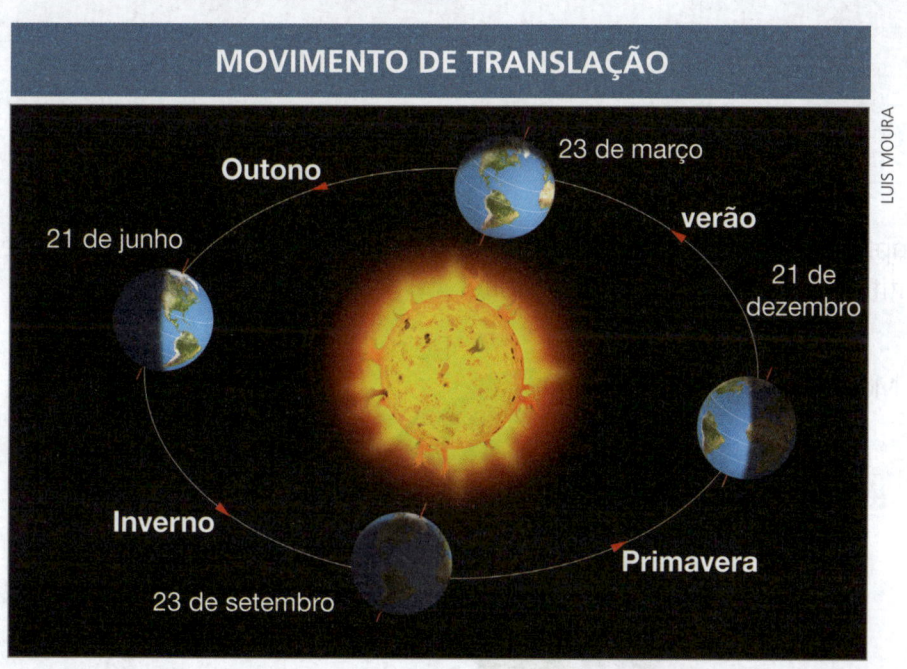

MOVIMENTO DE TRANSLAÇÃO

Outono — 23 de março — verão — 21 de dezembro — Primavera — 23 de setembro — Inverno — 21 de junho

LUIS MOURA

A Terra realiza os movimentos de rotação e translação, mantendo uma inclinação sobre seu eixo. Esses fatores fazem com que o planeta receba os raios solares de maneira desigual, o que resulta nas estações do ano.

ATIVIDADES

1 Explique por que temos a impressão de que o Sol se movimenta no céu.

_____
_____
_____
_____

2 Por que a cada quatro anos é acrescido um dia ao nosso calendário?

_____

_____

_____

_____

3 Complete a ilustração a seguir com as denominações correspondentes e identifique onde é dia e onde é noite.

Polo _____

Movimento de

_____

Raios _____

Polo _____

4 Relacione cada movimento da coluna da esquerda com as características da coluna da direita.

☐ Trajetória que a Terra percorre ao redor do Sol.

☐ A Terra gira em torno de si mesma.

A Rotação

☐ A cada 4 anos, o mês de fevereiro tem 29 dias.

B Translação

☐ Leva aproximadamente 24 horas para se completar.

C Ano bissexto

☐ Leva aproximadamente 365 dias para se completar.

140

Representações da Terra

Há diversas formas de representar a superfície terrestre. Vamos ver duas delas: o globo terrestre e o planisfério, que são as formas mais utilizadas para essa representação.

O **globo** terrestre tem a forma semelhante à de uma esfera, como o planeta Terra. Por isso, é a representação mais fiel que podemos ter. Para podermos enxergar toda a superfície terrestre no globo precisamos girá-lo, já que não é possível visualizá-la de uma vez. Veja a imagem ao lado.

O **planisfério** é a representação de toda a superfície terrestre em um único plano. Nele é possível identificar todos os **continentes** e todos os **oceanos** de uma só vez, porque eles aparecem em um único plano. Veja a imagem de um planisfério.

O globo terrestre é uma representação reduzida do planeta Terra. Note que nele é possível identificar as áreas com água e as áreas com terra.

PLANISFÉRIO

Fonte: *Atlas geográfico escolar*. Rio de Janeiro: IBGE, 2012. p. 34.

VOCABULÁRIO

continente: cada uma das grandes massas de terra contínuas e não cobertas pelas águas. Os continentes são: Europa, Ásia, África, América, Oceania e Antártida.

oceano: grande extensão de água salgada. A Terra tem, aproximadamente, 71% de sua superfície coberta por água salgada. Os oceanos são: Atlântico, Pacífico, Índico, Glacial Ártico e Glacial Antártico.

141

Linhas imaginárias

O globo terrestre e os diferentes tipos de mapa apresentam **linhas imaginárias**. Elas nos auxiliam a localizar um ponto ou um local na superfície do planeta. Essas linhas são chamadas **paralelos** e **meridianos**.

Paralelos

Os **paralelos** são linhas imaginárias horizontais que circundam a Terra no sentido leste-oeste. A função dos paralelos é indicar a distância de um ponto da Terra até a Linha do Equador.

A Linha do Equador é o principal paralelo. Ela divide a Terra em duas metades iguais: Hemisfério Norte e Hemisfério Sul. A palavra "hemisfério" quer dizer "metade de uma esfera". Observe o planisfério e o globo terrestre da página anterior. Localize em cada um deles a Linha do Equador. Note que o Brasil está localizado predominantemente no Hemisfério Sul.

Além da Linha do Equador, existem outros paralelos. Os mais conhecidos e importantes são:

- Trópico de Câncer;
- Trópico de Capricórnio;
- Círculo Polar Ártico;
- Círculo Polar Antártico.

A imagem a seguir indica a posição desses paralelos.

> **VOCABULÁRIO**
>
> **linhas imaginárias (nos mapas):** linhas que não existem na realidade; foram traçadas nos mapas para nos auxiliar na orientação sobre a vasta extensão da superfície terrestre.

PRINCIPAIS PARALELOS

CARLOS HENRIQUE DA SILVA

Quais são os paralelos principais que cortam o território brasileiro?

Fonte: *Atlas geográfico escolar.* Rio de Janeiro: IBGE, 2012. p. 34.

142

Meridianos

Os **meridianos** são linhas imaginárias que circundam a Terra no sentido norte-sul e passam pelos polos (Norte e Sul). Os meridianos servem para indicar a distância entre um ponto na superfície da Terra e o principal meridiano, que é o de Greenwich.

O Meridiano de Greenwich divide a Terra em duas metades iguais: os hemisférios Leste (ou Oriental) e Oeste (ou Ocidental). O Brasil está localizado totalmente no Hemisfério Ocidental.

Greenwich é um distrito de Londres, capital da Inglaterra. Foi ali que, no século XIX, houve uma convenção que estabeleceu o Meridiano de Greenwich como referência para dividir a superfície terrestre nos dois hemisférios.

Observe na imagem abaixo a indicação do principal meridiano da Terra.

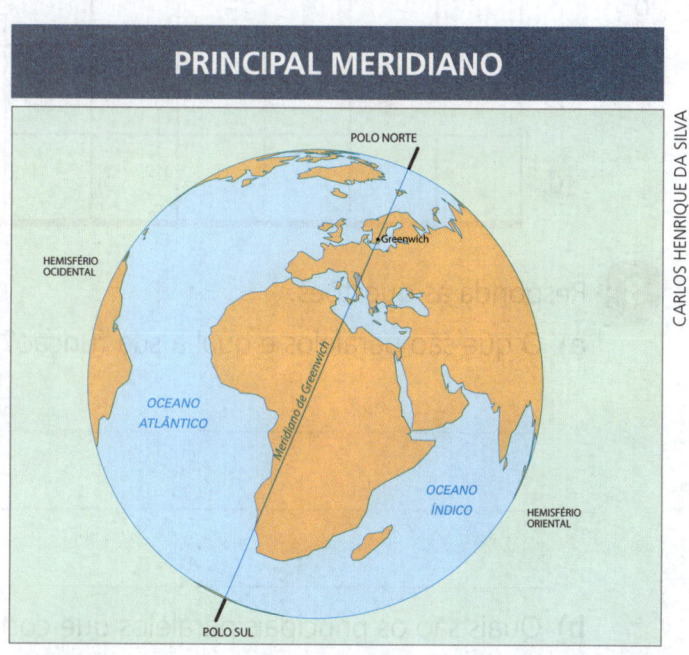

Analise o globo terrestre e cite os continentes atravessados pelo Meridiano de Greenwich.

PRINCIPAL MERIDIANO

Fonte: *Atlas Geográfico Escolar*. Rio de Janeiro: IBGE, 2012. p. 34.

ATIVIDADES

1 Complete as frases com as palavras do quadro.

| globo terrestre | planisfério | Sul | Ocidental |

a) O _____ e o _____ são representações do planeta Terra.

b) Em relação à Linha do Equador, a maior parte das terras do Brasil está localizada no Hemisfério _____.

c) Em relação ao Meridiano de Greenwich, o Brasil está localizado no Hemisfério _____.

143

2 Preencha o diagrama de acordo com as informações solicitadas:

a) Representa, em uma superfície plana, todas as partes da Terra.
b) Principal meridiano terrestre.
c) Metade de uma esfera.
d) Principal paralelo terrestre.

3 Responda às questões.

a) O que são paralelos e qual a sua função?

_____

_____

_____

b) Quais são os principais paralelos que cortam o território brasileiro?

_____

4 Marque com um **X** os elementos presentes na superfície terrestre do lugar em que você vive.

☐ Praia ☐ Edifícios ☐ Fábricas

☐ Mata ☐ Rodovias ☐ Fazendas

☐ Rios ☐ Plantações ☐ Pontes

☐ Outros: _____

144

Coordenadas geográficas

Os paralelos e os meridianos formam uma espécie de rede ao se cruzar.

O ponto de encontro de um paralelo com um meridiano chama-se **coordenada geográfica**.

Por meio dessas coordenadas é possível identificar a localização geográfica de qualquer objeto, local ou pessoa na superfície terrestre.

Esse endereço é expresso em **latitudes** e **longitudes**.

A **latitude** é definida pelos paralelos e indica a distância de cada um deles em relação ao paralelo principal – a Linha do Equador.

Os meridianos definem a **longitude**, que indica a distância de cada um deles em relação ao meridiano principal – o de Greenwich. Essas distâncias são medidas em graus.

Observe a indicação dos paralelos e meridianos no planisfério político a seguir.

LATITUDE E LONGITUDE

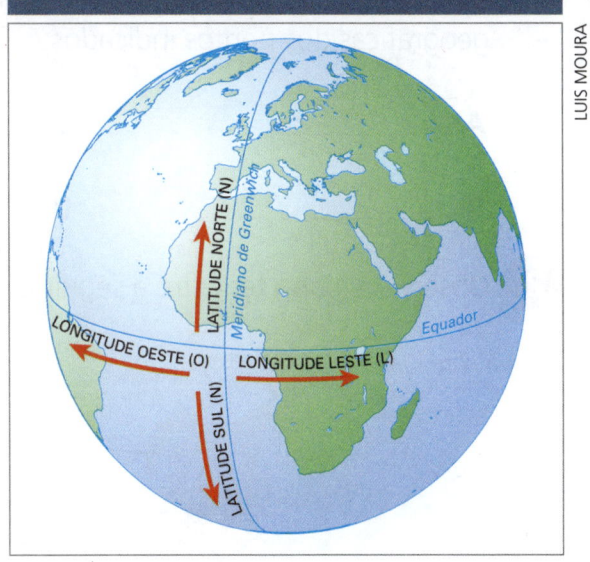

Fonte: *Atlas Geográfico Escolar*. Rio de Janeiro: IBGE, 2012. p. 34.

PLANISFÉRIO: MERIDIANOS E PARALELOS

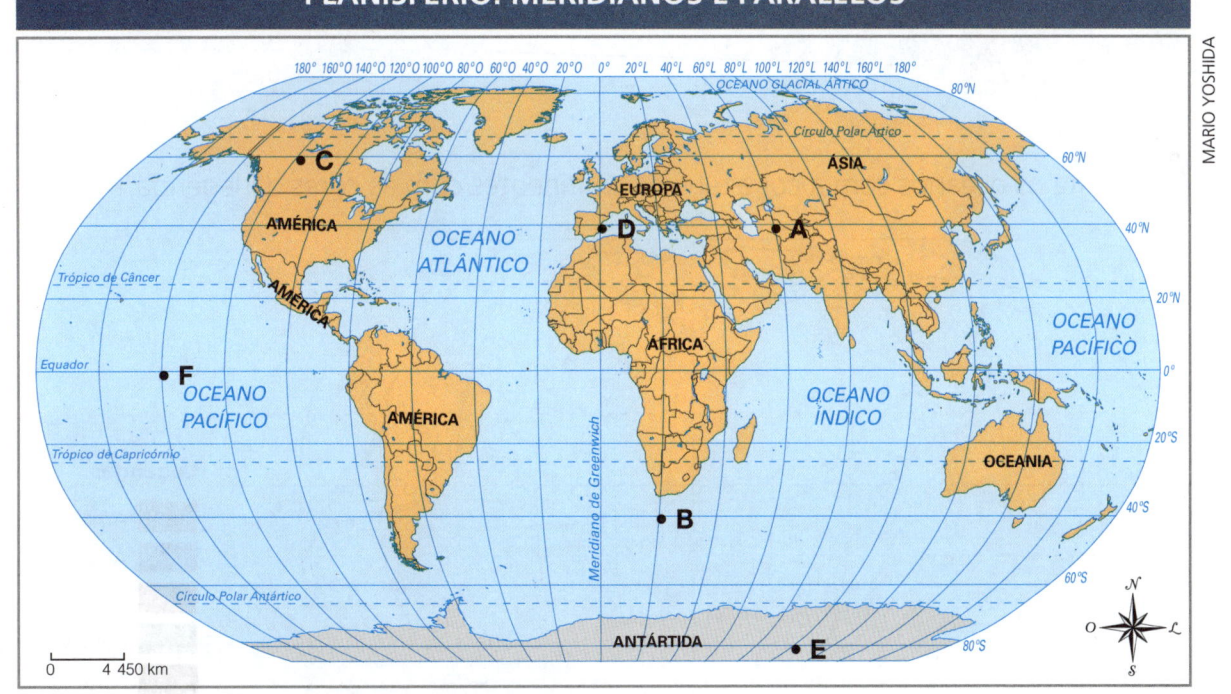

Fonte: *Atlas Geográfico Escolar*. Rio de Janeiro: IBGE, 2012. p. 34.

Como você pode observar, os paralelos e os meridianos são indicados em graus (°).

145

ATIVIDADES

1 Observe, no "Planisfério: meridianos e paralelos", na página anterior, que os paralelos são traçados de 20 em 20 graus a partir da Linha do Equador. Da mesma forma, os meridianos representados estão traçados de 20 em 20 graus a partir do Meridiano de Greenwich. Com base nessa informação, encontre as coordenadas geográficas dos pontos indicados.

A: _____   C: _____   E: _____

B: _____   D: _____   F: _____

2 Observe o globo terrestre a seguir e escreva o nome dos paralelos indicados.

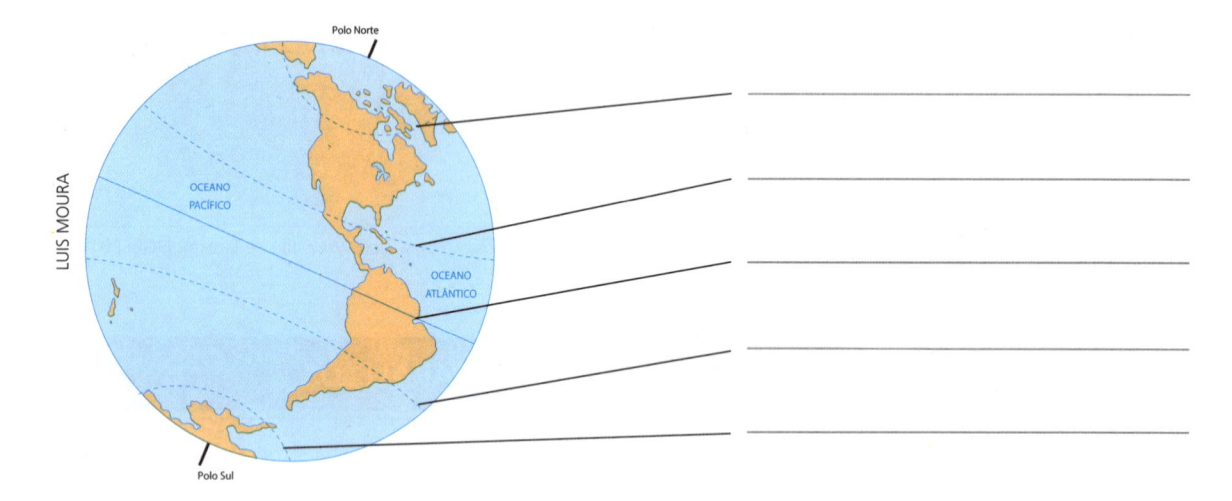

3 Pinte os oceanos com a cor azul e os continentes com as cores da legenda.

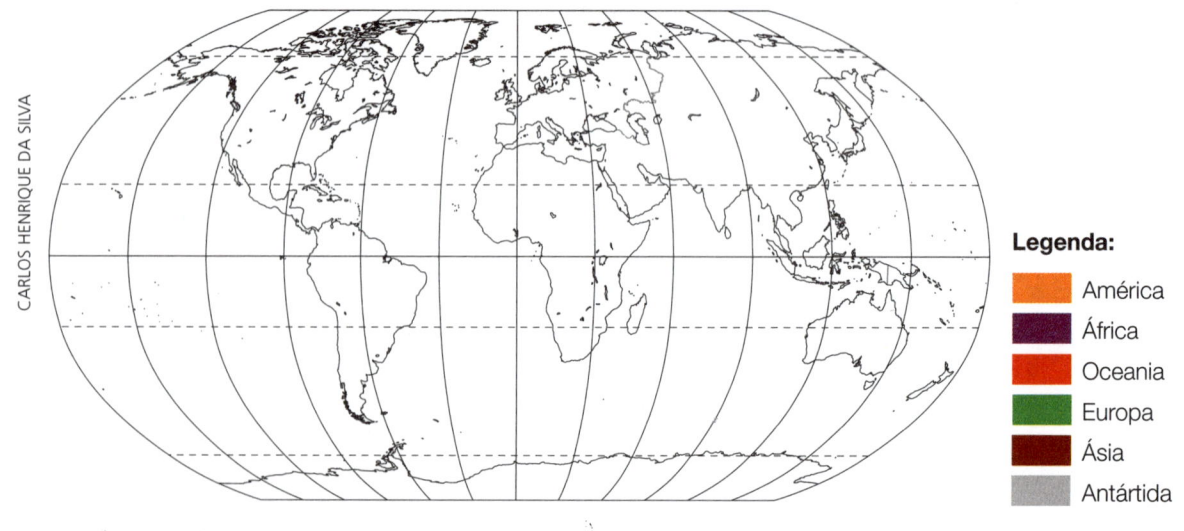

Legenda:
- América
- África
- Oceania
- Europa
- Ásia
- Antártida

Fonte: *Atlas geográfico escolar*. Rio de Janeiro IBGE, 2012.

4 Veja, na tabela a seguir, a área dos continentes. Em seguida, construa um gráfico de barras no caderno, usando as cores da legenda da atividade anterior.

Continente	América	Europa	África	Ásia	Oceania	Antártida
Área (em milhões de km²)	42,1	10,3	30	44	8,4	14

5 Observe a ilustração a seguir e escreva o nome dos elementos localizados nas coordenadas indicadas.

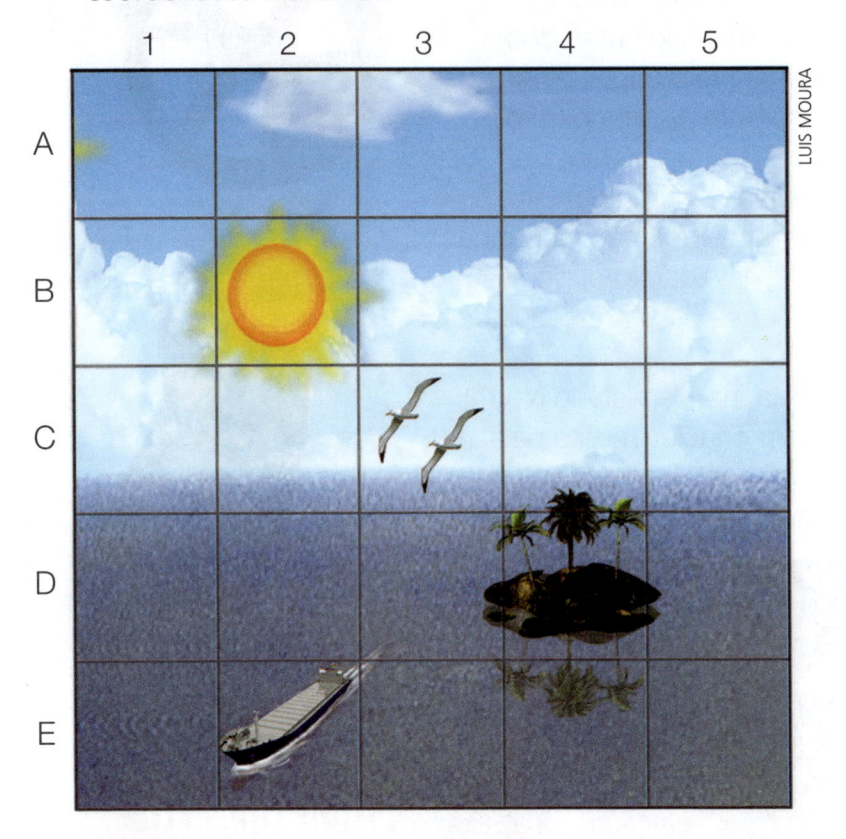

B, 2: _____

C, 3: _____

D, 4: _____

E, 2: _____

147

Instrumentos de orientação espacial

Para guiar suas viagens, os antigos navegantes utilizavam instrumentos de orientação como a balestilha, o astrolábio e a bússola.

A **balestilha** servia para medir a posição dos astros, inclusive das estrelas, que auxiliavam os navegadores a se orientar durante a noite.

O **astrolábio** era um instrumento náutico utilizado desde 200 a.C. para observar e determinar a posição do Sol, das estrelas e também para medir a latitude e a longitude de determinado ponto.

Utilizada desde o início do século XIII para localizar os pontos cardeais (norte, sul, leste, oeste), a **bússola** é uma combinação da antiga rosa dos ventos, que tinha 32 pontos de referência, e uma agulha magnetizada, que sempre aponta para o norte.

Antes disso, as estrelas serviram, durante muito tempo, como guias aos viajantes que não dispunham de instrumentos precisos de navegação e, por isso, observavam o céu para saber se estavam seguindo o caminho correto.

Ao norte do Equador (ou seja, no Hemisfério Norte), os navegantes se orientavam principalmente pela estrela Polar, e ao sul (ou seja, no Hemisfério Sul), pela **constelação** do Cruzeiro do Sul.

Balestilha.

Astrolábio.

Bússola antiga.

A constelação do Cruzeiro do Sul pode ser desenhada unindo, por linhas imaginárias, quatro estrelas: na parte superior, a estrela Rubídea; na parte inferior, a estrela de Magalhães; e nas laterais, a estrela Mimosa, à esquerda, e a estrela Pálida, à direita.

VOCABULÁRIO

constelação: grupos de estrelas definidos e delimitados por astrônomos antigos para facilitar a visualização e a identificação dos astros no céu.

Atualmente, podemos contar com outros instrumentos de orientação espacial, como os satélites artificiais, que auxiliam a monitorar a superfície da Terra, que tem cerca de 510 milhões de quilômetros quadrados. Os **satélites artificiais** são instrumentos lançados no espaço sideral cuja função é coletar informações sobre diferentes aspectos da Terra. Os satélites também são usados para captar dados que orientam as pessoas a encontrar sua posição na superfície terrestre. Um desses instrumentos é o **GPS** (Sistema de Posicionamento Global). Com esse aparelho, motoristas e pilotos têm condições de traçar rotas, calcular o tempo e a distância até seu destino e mapear seu deslocamento.

As informações coletadas pelos satélites podem ser no formato de imagens. Essas imagens são captadas por um sensor e transmitidas para uma estação receptora na superfície da Terra, que interpreta as informações e as traduz em mapas, cartas, tabelas e outras formas de armazenamento de dados.

- A utilização dos satélites artificiais contribui significativamente para o estudo da superfície terrestre, permitindo que seja feita, por exemplo, a previsão do tempo, o acompanhamento da formação e do deslocamento de furacões e ciclones, a localização de áreas desmatadas etc.

Pesquise, em diversos meios de informação, imagens obtidas por satélites artificiais. Traga as imagens à sala de aula e discuta com seus colegas a importância desses recursos para a vida das pessoas.

Os aparelhos e programas mais atuais de GPS permitem que os usuários saibam até mesmo as condições de tráfego e de tempo atmosférico ao longo do seu percurso, podendo, assim, prever rotas alternativas com vias mais acessíveis, garantindo mais segurança e o menor tempo de viagem possível.

149

Mapas e escalas

Mapa é a representação reduzida de um espaço real no papel ou na tela de um computador.

Por meio dele é possível representar informações como: o contorno de continentes, os limites de países e estados, as variações do relevo, os lagos e os rios, as regiões climáticas, a vegetação predominante em cada região etc.

Além disso, os mapas também podem indicar dados da população, como a densidade demográfica de uma área, dados de economia, índices sociais e muitas outras informações.

Por isso, é preciso aprender a ler e interpretar as informações contidas nos mapas.

Observe os mapas.

BRASIL: RELEVO

Planaltos
Planícies
Depressões

Fonte: Graça Maria Lemos Ferreira. *Atlas geográfico – espaço mundial.* São Paulo: Moderna, 2010. p. 120.

ESTADO DO RIO DE JANEIRO

Fonte: *Atlas geográfico escolar.* Rio de Janeiro: IBGE, 2012. p. 90 e 173.

LEGENDA
Estado do Rio de Janeiro
Região Metropolitana do Rio de Janeiro
Capital de estado
Limite estadual
Limite municipal

150

BRASIL: DENSIDADE DEMOGRÁFICA

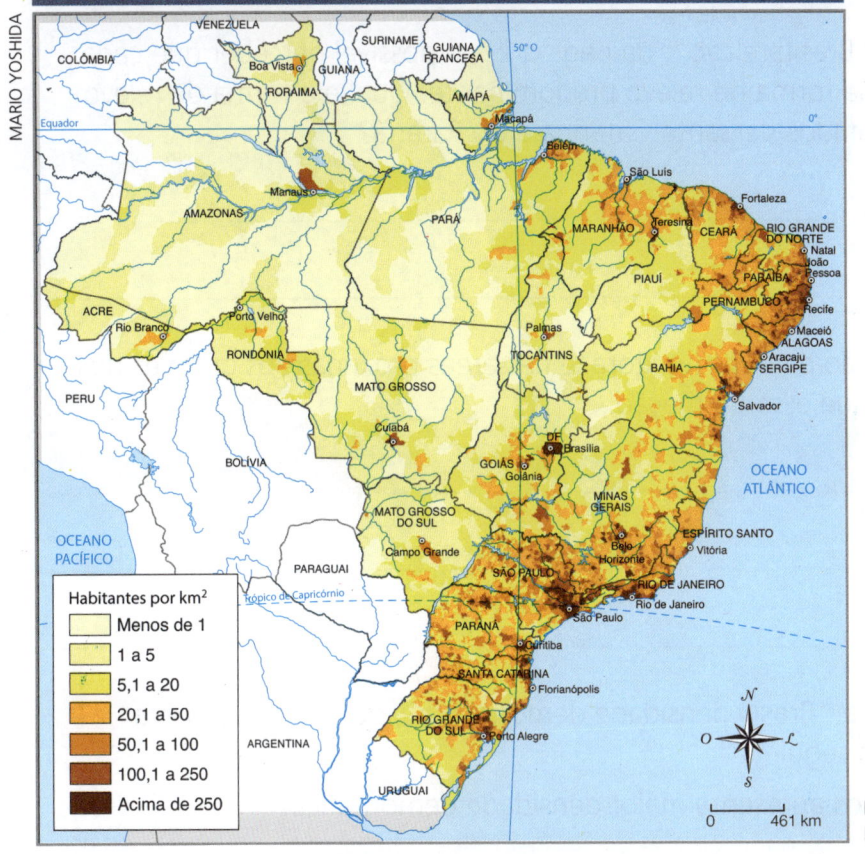

Habitantes por km²
- Menos de 1
- 1 a 5
- 5,1 a 20
- 20,1 a 50
- 50,1 a 100
- 100,1 a 250
- Acima de 250

Fonte: Atlas geográfico escolar. Rio de Janeiro: IBGE, 2012. p. 114.

O título do mapa indica a informação principal a ser passada por ele. No mapa acima, podemos identificar a **densidade demográfica** do Brasil, ou seja, a distribuição da população pelo território. No mapa da página anterior o objetivo é mostrar o estado do Rio de Janeiro, mas indicando sua localização também no Brasil e, por isso, temos o mapa do Brasil em tamanho menor. Além do mais, o mapa dá destaque para a Região Metropolitana do Rio de Janeiro.

Para compreender os mapas, as informações contidas nas legendas são fundamentais.

Ao ler o mapa desta página, por exemplo, pode-se identificar que as áreas mais próximas ao litoral apresentam maior densidade demográfica, ou seja, têm maior concentração de pessoas.

Assim, sabe-se também pelo mapa que a densidade demográfica do estado de Alagoas é maior que a de Roraima.

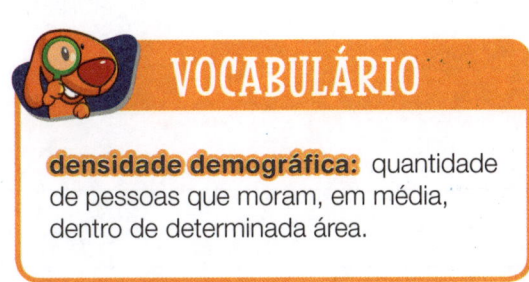

VOCABULÁRIO

densidade demográfica: quantidade de pessoas que moram, em média, dentro de determinada área.

151

ATIVIDADES

1 Analisando o mapa "Brasil: relevo", da página 22, é possível perceber que cada estado apresenta uma forma de relevo predominante. Qual é a forma de relevo predominante nos estados de Santa Catarina e do Paraná?

_____

_____

2 As áreas de planície são comuns no litoral e nas áreas próximas aos grandes rios brasileiros. Exemplifique essa afirmação.

_____

_____

_____

3 Agora, analise o mapa "Brasil: densidade demográfica", da página 23, para responder aos itens a seguir.

   a) Qual destes estados apresenta maior densidade demográfica?

   ☐ Mato Grosso.   ☐ Maranhão.   ☐ Rio de Janeiro.

   b) As áreas de maior densidade demográfica no Brasil estão:

   ☐ mais próximas ao Oceano Atlântico.

   ☐ na Região Norte.

   ☐ na parte central do Brasil.

4 Com base nas informações contidas nos mapas "Brasil: relevo" e "Brasil: densidade demográfica", indique a principal formação de relevo no estado onde você mora.

_____

_____

_____

Trabalhando com escalas

Como você sabe, um mapa pode trazer uma série de informações, como a área ocupada pelos rios, pela vegetação, pela população, as formas de relevo e outros dados sobre determinado espaço.

O mapa é a representação de um espaço real. Essa representação é feita de forma reduzida e proporcional à realidade. A redução é expressa por meio da **escala**, que estabelece quantas vezes o espaço real sofreu redução até chegar às dimensões do mapa.

Assim, pela escala, podemos conhecer a distância entre dois ou mais pontos em um local.

A escala pode ser representada por uma espécie de régua. Veja o exemplo a seguir.

MAPAS: CARLOS HENRIQUE DA SILVA

A escala informa que 1 centímetro (cm) desenhado no papel corresponde a 120 metros no espaço real. Por exemplo, medindo a distância entre a escola e a prefeitura com uma régua, obtemos a distância de 2 centímetros. Veja na imagem a seguir.

Se 1 centímetro na planta vale 120 metros no espaço real, então 2 × 120 = 240. Isso equivale a dizer que entre a escola e a prefeitura há uma distância real de 240 metros.

153

ATIVIDADES

1 Por meio da **escala** podemos descobrir as dimensões reais dos objetos e do **espaço geográfico** representado, obter informações com relação à distância de percursos, comprimento de ruas e rios e calcular áreas.

Vamos desenhar a mesa do professor em **escala**? Você vai precisar de:

- um rolo de barbante;
- uma folha de papel sulfite;
- lápis;
- régua.

JOSÉ LUÍS JUHAS

Como fazer:

1º passo: Com seu professor, estique o barbante no lado maior da mesa e, depois, com uma régua, veja a medida do pedaço utilizado.

2º passo: Dobre o barbante ao meio e continue a dividi-lo em partes iguais, até que o tamanho dessas partes caiba no lado maior da folha de papel sulfite.

Agora, responda: Quantas vezes você dobrou o barbante?

_____

Essa é a **escala** do seu desenho!

Supondo que você tenha dobrado o barbante em 6 pedaços, a escala do desenho será 1:6. Isso significa que o desenho vai representar a mesa em tamanho 6 vezes menor do que o tamanho real dela.

3º passo: Com a régua, desenhe o lado maior da mesa na folha de sulfite, dividindo a medida da mesa por 6. Por exemplo, se o lado maior da mesa tem 60 cm, faça a conta 60 ÷ 6 = 10, representando o lado maior da mesa com 10 cm na folha.

154

4º passo: Agora que você encontrou a escala e desenhou o lado maior, desenhe o lado menor. Para isso, meça com a régua o tamanho real e divida por 6, chegando ao tamanho a ser representado na folha de sulfite, na escala 1:6. Por exemplo, se o lado menor da mesa tem 30 cm, faça a conta 30 ÷ 6 = 5, representando o lado menor da mesa com 5 cm na folha.

5º passo: Agora, utilizando seus conhecimentos matemáticos, trace os outros dois lados paralelos da mesa finalizando o desenho.

2 Analise a planta e complete as frases.

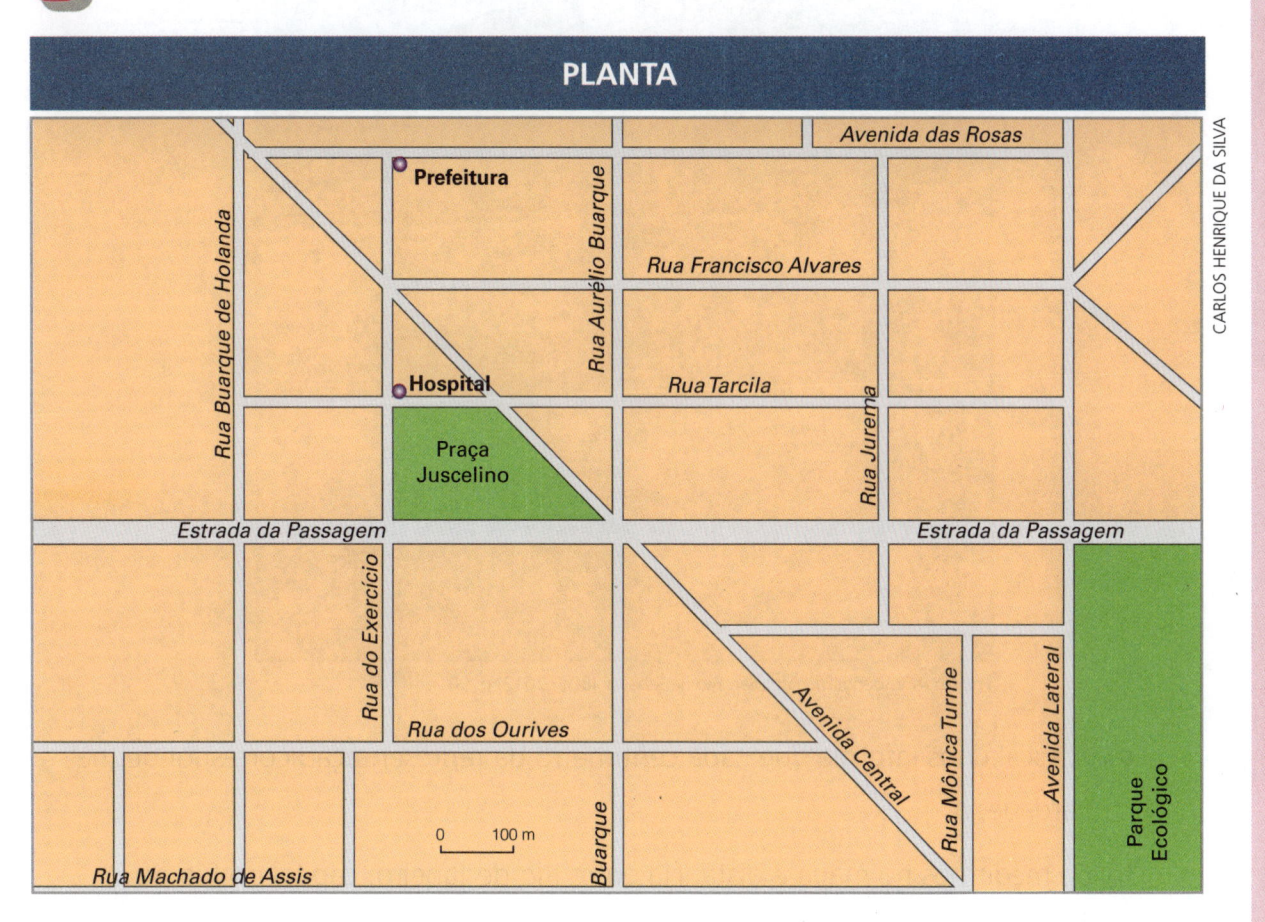

PLANTA

a) A escala informa que 1 cm desenhado no papel equivale a _____ no espaço real.

b) Com uma régua, meça a distância entre a prefeitura e o hospital. O resultado que você lê na régua é de _____.

c) Se 1 cm no mapa equivale a 100 metros no espaço real, então 3 × 100 = _____. A distância real entre a prefeitura e o hospital é de aproximadamente _____.

3 Observe a escala do mapa do Brasil dividido em estados. Realize cálculos, quando necessário, e preencha as frases com base no mapa e na escala indicada nele.

BRASIL: ESTADOS

Fonte: *Atlas geográfico escolar*. Rio de Janeiro: IBGE, 2012. p. 90.

a) A escala nos informa que cada centímetro da representação corresponde, na verdade, a _____.

b) Se medirmos no mapa a distância entre Rio de Janeiro, capital do Rio de Janeiro, e Vitória, capital do Espírito Santo, encontraremos 1 centímetro. Se cada centímetro do mapa equivale a 500 quilômetros, sabemos que a distância real entre essas duas cidades é de _____.

c) Na régua, a distância entre Goiânia e Rio de Janeiro é de _____. Então, _____ × 500 = _____.

d) Na régua, a distância entre Goiânia e Salvador é de _____. Então, a distância real entre essas duas cidades é de _____.

e) Na régua, a distância entre Macapá e João Pessoa é de _____. Então, a distância entre essas duas cidades é de _____.

Medindo distâncias

Medimos pequenas distâncias com uma régua, idêntica à que você utilizou para fazer as atividades anteriores. A régua abaixo, por exemplo, mede 10 cm (dez centímetros).

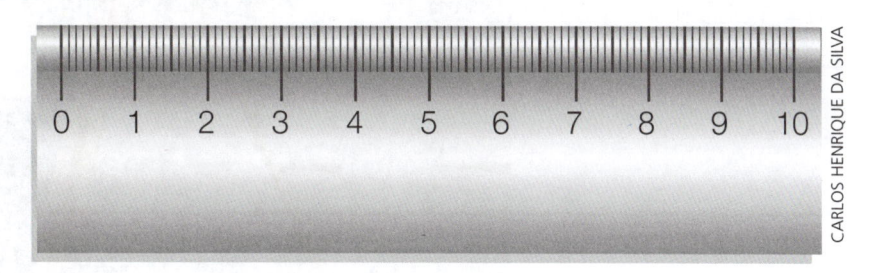

Observe que entre os números há 10 risquinhos. Cada risquinho equivale a 1 mm (um milímetro). Então, 1 cm equivale a 10 mm.

1 cm = 10 mm

Para medir sua altura ou o tamanho da sala de aula, você pode utilizar uma fita métrica (utilizada por costureiros) ou uma trena.

Na ilustração ao lado, a menina utiliza uma fita métrica de 1 metro para medir a altura do menino.

Na ilustração abaixo, as crianças estão medindo a sala de aula com a ajuda de uma trena. O comprimento da sala de aula é de 3 metros, ou seja, 300 centímetros.

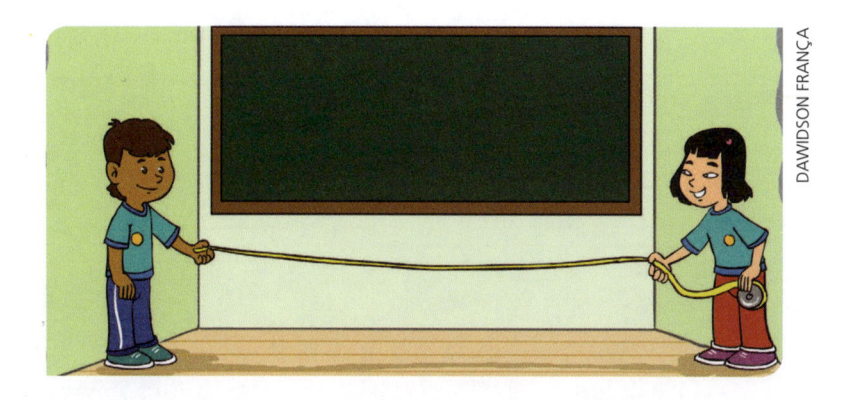

Se 1 m = 100 cm
3 m = 3 x 100
3 m = 300 cm

Existem outros equipamentos para medir distâncias. Um deles é o **distanciômetro**, muito utilizado para a elaboração de mapas.

A distância que o engenheiro mediu na foto abaixo foi 1 km (um quilômetro).

1 km = 1 000 m

Milímetro, centímetro, metro e quilômetro: essas são as unidades de medida mais importantes que você precisa conhecer.

ATIVIDADE

Indique o melhor instrumento para medir:

a) uma casa – _____

b) um cômodo – _____

c) uma caixa de sapato – _____

d) uma rua – _____

e) uma pessoa – _____

f) um caderno – _____

EU GOSTO DE APRENDER

Leia o que você estudou nesta lição.

- Vivemos no planeta Terra, que faz parte do Sistema Solar, com outros corpos celestes que gravitam ao redor do Sol.

- Entre os corpos celestes destacam-se os planetas. Os planetas próximos do Sol são: Mercúrio, Vênus, Terra e Marte. Os mais afastados são: Júpiter, Saturno, Urano e Netuno. Há cinco planetas-anões: Ceres, Plutão, Haumea, Éris e Makemake.

- Os asteroides são fragmentos rochosos de tamanhos variados. Os anéis planetários são cinturões em torno de alguns planetas feitos de partículas de gelo e poeira.

- A Terra se movimenta em torno do Sol (movimento de translação) e também ao redor de si mesma (movimento de rotação).

- O movimento de translação percorre uma trajetória de 365 dias, 5 horas e 48 minutos e 46 segundos ao redor do Sol. Nosso calendário se baseia nessa trajetória. O tempo restante de cada ano é somado e, a cada 4 anos, temos o chamado ano bissexto.

- O movimento de rotação, realizado de oeste para leste, dura 24 horas para uma volta completa, resultando nos dias e noites.

- A representação da Terra pode ser feita por meio do globo terrestre e do planisfério.

- Para a localização de locais na superfície da Terra usam-se linhas imaginárias, que podem ser os paralelos (linhas imaginárias horizontais que circundam a Terra de leste para oeste) e os meridianos (linhas imaginárias verticais que circundam a Terra de norte a sul e passam pelos polos).

- O ponto de encontro entre um paralelo e um meridiano é chamado coordenada geográfica e serve para a localização de qualquer objeto, pessoa ou local sobre a superfície do planeta.

ATIVIDADES

1 Escreva uma definição de Sistema Solar.

_____

_____

2 Escreva o nome dos planetas do Sistema Solar.

_____

_____

3 Marque com um **X** apenas as frases corretas.

☐ O Sol se movimenta ao redor da Terra e é esse movimento que resulta no dia e na noite.

☐ A Terra gira ao redor de si mesma e esse movimento se chama rotação.

☐ O movimento de translação do nosso planeta resulta nas estações do ano.

☐ Tanto o movimento de rotação como o de translação são movimentos imaginários.

4 Complete as frases com as palavras do quadro.

> Meridiano de Greenwich   Linha do Equador   localização
> globo terrestre   coordenadas geográficas   planisfério

a) Para representar a Terra, podem ser usados tanto o _____ como o _____.

b) O paralelo mais importante, a partir do qual se calculam as latitudes, é a _____.

c) O meridiano usado como inicial para o cálculo das longitudes é o _____.

d) Os pontos em que paralelos e meridianos se encontram servem para _____ de objetos, seres humanos e locais. Esses pontos são chamados _____.

160

EU GOSTO DE APRENDER MAIS

Desenhando o Brasil

[...]
Os mapas estão presentes em nosso dia a dia e são muito, muito úteis.
[...]
Geralmente, utilizamos mapas do nosso bairro, ou de uma cidade que vamos visitar. Agora, imagine consultar uma imagem que represente todo o Brasil, e cheia de detalhes. Incrível, não é? O Instituto Brasileiro de Geografia e Estatística (IBGE) acaba de divulgar o mapeamento mais preciso já feito em nosso território. Os novos mapas permitem visualizar não só as cadeias de montanhas e grandes formações geográficas, mas também os municípios, praias, lagos e detalhes do relevo do país.

Fazer um bom mapa é um processo bem complicado, mas muito divertido. Para começar, precisamos de uma imagem aérea do local que queremos representar. Há duas maneiras de fazer isso: com imagens de satélite (feitas lá do espaço) ou fotografias aéreas (feitas por aviões).

Curiosidade: Na Amazônia, algumas comunidades usam pipas equipadas com câmeras de telefone celular para mapear territórios!

Em seguida, é hora de conferir se as fotografias são mesmo fiéis à realidade. Sempre que representarmos uma superfície esférica (como a Terra) em uma superfície plana (como um mapa), surgem imprecisões. Isso acontece porque, dependendo do ângulo com que captamos a imagem, algumas distâncias podem parecer maiores ou menores do que realmente são.

Aí entra o trabalho de geógrafos, cartógrafos e engenheiros. Eles percorrem diversos locais representados no mapa e, com o auxílio de um GPS – equipamento capaz de fornecer as coordenadas geográficas do local onde estão –, anotam informações que mais tarde são inseridas no computador.

Um programa especial combina os dados anotados pelos especialistas em campo com a imagem original fornecida pelo satélite ou pelo avião. O resultado é um mapa bem mais preciso, praticamente pronto para ser utilizado por todos nós.

Uma questão de escala

Quando se fala em mapa, uma palavra tem que vir sempre à nossa cabeça: escala. Todo mapa tem uma escala, que é, na verdade, o nível de ampliação do terreno representado. Aumentar a escala de um mapa é como "aumentar o zoom" imaginário sobre a área que estamos analisando.

Uma escala pequena (1:1.000.000, por exemplo) nos permite avistar vários países em um mesmo mapa. Já uma escala grande (1:10.000, por exemplo), nos permite ver detalhes como ruas, bairros, rios e diversos outros aspectos da superfície. Quanto menor o número da escala, maior será a precisão do mapa.

Kugler, Henrique. Desenhando o Brasil. *CHC*. Disponível em: https://chc.org.br/desenhando-o-brasil/.
Acesso em: 30 jul. 2022.

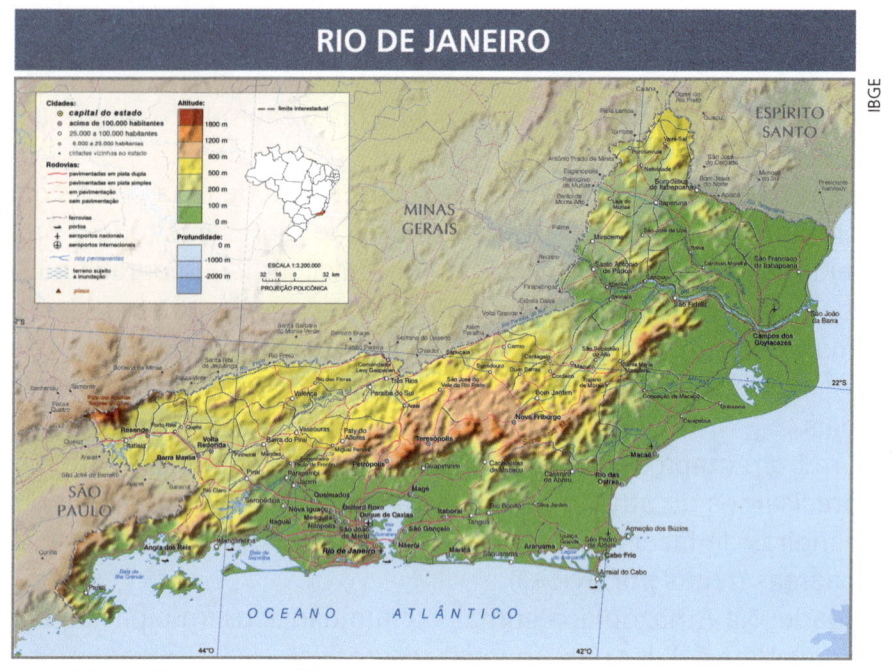

Fonte: *Mapa do Rio de Janeiro.* IBGE.

ATIVIDADE COMPLEMENTAR

Compare o mapa da imagem anterior com o mapa do Rio de Janeiro, na página 150, depois descreva o que você consegue perceber de diferente entre eles.

LEIA MAIS

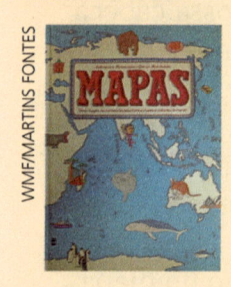

Mapas: Uma viagem deslumbrante pelas terras, mares e culturas do mundo

Aleksandra Mizielinscy, Daniel Mizielinscy, George Schlesinger, São Paulo: WWF/Martins Fontes, 2017.

O livro reúne 55 mapas de 46 países de todos os continentes, com milhares de ilustrações de aspectos encontrados nesses lugares.

LIÇÃO 2 — O MUNICÍPIO

Vamos conhecer os municípios?

Os municípios são as menores divisões territoriais de um país e abrangem tanto as áreas urbanas como as rurais. No Brasil, os municípios são as divisões dos estados que compõem o nosso país. Em qual município você mora?

Observe o mapa.

BRASIL: DIVISÃO POLÍTICA

Fonte: *Atlas geográfico escolar*. Rio de Janeiro: IBGE, 2012.

Você consegue localizar no mapa do Brasil o estado no qual você e seus colegas vivem? Contorne esse estado com lápis de cor.

Podemos observar o Brasil dividido em estados e, no detalhe, todos os municípios do estado de Sergipe.

163

Você já viu que o Brasil está dividido em estados, e os estados estão divididos em municípios. Além disso, aprendeu a interpretar diferentes informações representadas em mapas.

Você vive em um município

O município é formado pela cidade, que é a zona urbana, e pelo campo, que é a zona rural. A cidade é a sede do município.

Em alguns municípios, a área urbana cresceu tanto que invadiu a área rural.

A área urbana de um município geralmente tem maior quantidade de pessoas e uma grande concentração de construções e serviços.

Na área rural de um município, as construções são mais distantes umas das outras e há predomínio de áreas verdes, onde são criados animais, cultivadas plantações ou instaladas indústrias de transformação de produtos agrícolas.

LEGENDA
- Área urbana
- Área rural

PREFEITURA DO MUNICÍPIO DE SÃO PAULO

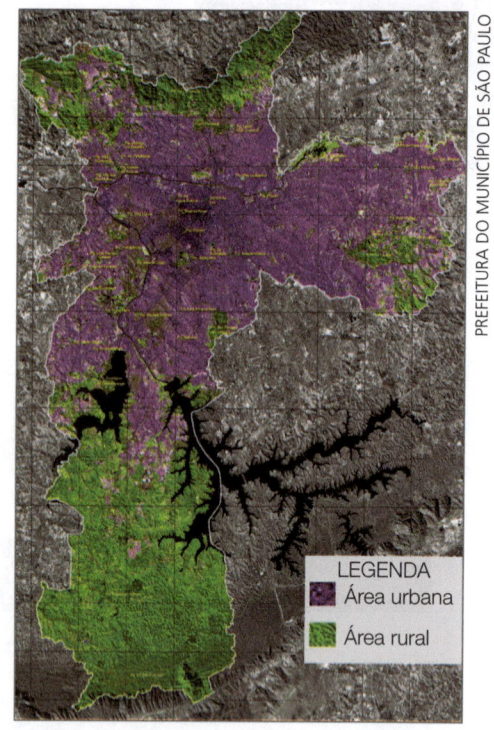

Imagem de satélite do município de São Paulo.

ATIVIDADES

1 Complete a ficha do lugar onde você mora.

Nome da rua: _____

_____

Nome do bairro: _____

Nome do município: _____

2 Assinale a alternativa que indica o lugar no qual você mora.

☐ Área rural.

☐ Área urbana.

164

3 Quais são as características do lugar onde você mora?

_____

_____

_____

4 A escola na qual você estuda fica no mesmo bairro em que você mora?

_____

5 O bairro no qual você mora é rural ou urbano?

_____

6 O município em que você vive é mais urbano ou rural?

_____

7 Observe as imagens a seguir e responda oralmente.

A

B

São Paulo (SP), 2017.   Fazenda em Pirenópolis (GO), 2017.

- A paisagem retratada na fotografia A é predominantemente urbana. Quais elementos culturais existem nela?

- A paisagem retratada na fotografia B é predominantemente rural. Quais elementos naturais existem nela?

165

Limites municipais

Assim como os estados, os municípios têm divisas ou limites. São linhas imaginárias, criadas pelos seres humanos. Seus limites podem ser naturais ou artificiais.

Rios, lagos, oceanos e outras formas de relevo são **limites naturais**, não apenas entre municípios, mas também entre estados e países.

Ferrovias, rodovias, ruas, cercas de arame ou madeira, placas, marcos e outros elementos construídos pelo ser humano são **limites artificiais**.

Rio Paraná, no município de Presidente Epitácio (SP). O rio é a divisa de municípios do estado de São Paulo e do Mato Grosso do Sul.

ATIVIDADES

1 Identifique as possíveis formas de limite entre municípios, escrevendo **N** para os **limites naturais** e **A** para os **limites artificiais**.

☐ Rio.

☐ Cerca.

☐ Ferrovia.

☐ Rodovia.

☐ Ponte.

☐ Mar.

☐ Lagoa.

☐ Serra.

2 Nos limites do município onde você vive, há elementos naturais ou apenas elementos construídos pelos seres humanos?

_____

_____

3 Observe a ilustração ao lado. Localize o município de Correntes e complete as frases.

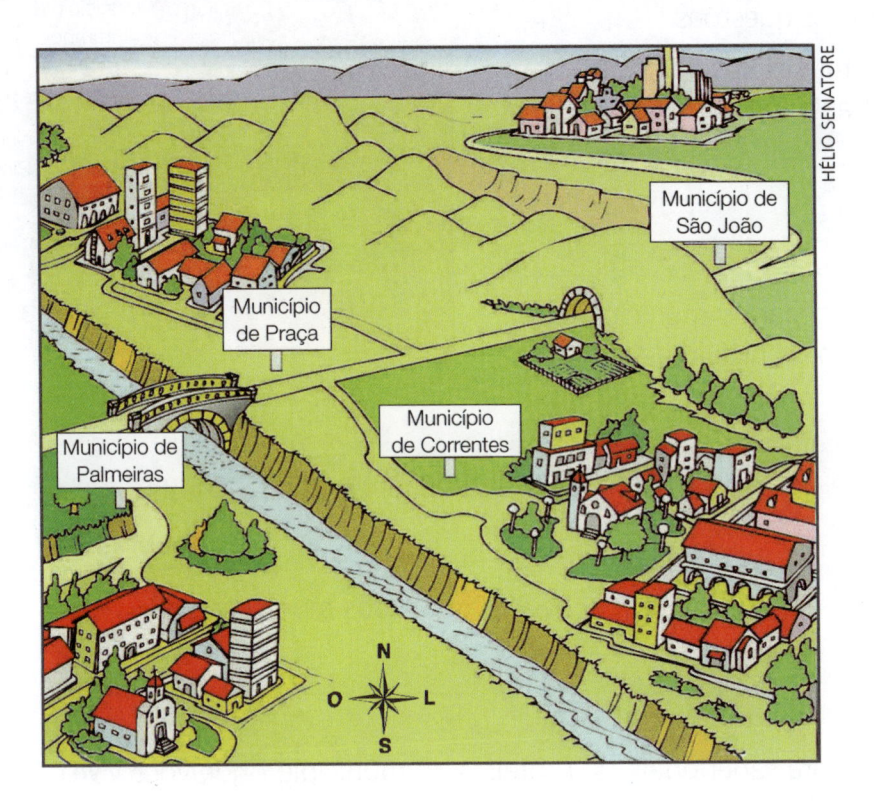

a) A oeste do município de Correntes está o município de _____.

   Entre eles há um limite:

   ☐ natural.   ☐ artificial.

   Esse limite é um _____.

b) A noroeste do município de Correntes está o município de _____.

   Entre eles há um limite:

   ☐ natural.   ☐ artificial.

   Esse limite é uma _____.

c) A nordeste do município de Correntes está o município de _____.

   Entre eles há um limite:

   ☐ natural.   ☐ artificial.

   Esse limite é uma _____.

4 Analise a ilustração ao lado e responda às questões.

a) Que municípios aparecem na ilustração?

_____

_____

b) O que separa o município de Piriri do município de Piramboia?

_____

c) Qual é o limite entre os municípios de Piramboia e de Ingá?

_____

d) O que separa o município de Piramboia dos municípios de Pinhal e Joá?

_____

5 Pesquise para saber quais as fronteiras do município onde você vive. Quais são elas?

_____

IBGE divulga estimativa da população dos municípios para 2020

O IBGE divulga hoje as estimativas das populações residentes nos 5.570 municípios brasileiros, com data de referência em 1º de julho de 2020. Nessa data, a população do Brasil chegou a 211,8 milhões de habitantes, crescendo 0,77% em relação a 2019.

O município de São Paulo continua sendo o mais populoso, com 12,3 milhões de habitantes, seguido pelo Rio de Janeiro (6,75 milhões), Brasília (3,05 milhões) e Salvador (2,88 milhões). Os 17 municípios do país com população superior a um milhão de habitantes concentram 21,9% da população nacional e 14 deles são capitais estaduais.

Serra da Saudade (MG) é o município brasileiro com menor população (776 habitantes), seguido por Borá (SP), com 838 habitantes, Araguainha (MT), com 946 habitantes, e Engenho Velho (RS), com 982 habitantes.

Na última década, as Estimativas apontam para um aumento gradativo da quantidade de grandes municípios do País. No Censo de 2010, somente 38 municípios tinham população superior a 500 mil habitantes, e apenas 15 deles tinham mais de

1 milhão de moradores. Já em 2020, eram 49 os municípios brasileiros com mais de 500 mil habitantes, sendo 17 os que superavam a marca de 1 milhão de habitantes.
[...]

IBGE. IBGE divulga estimativa da população dos municípios para 2020. Agência IBGE Notícias, 27/08/2020. Disponível em: https://agenciadenoticias.ibge.gov.br/agencia-sala-de-imprensa/2013-agencia-de-noticias/releases/28668-ibge-divulga-estimativa-da-populacao-dos-municipios-para-2020#:~:text=Serra%20da%20Saudade%20(MG)%20%C3%A9,de%20grandes%20munic%C3%ADpios%20do%20Pa%C3%ADs. Acesso em: 31 jul. 2022.

ATIVIDADES

1 A notícia fala que o menor município do Brasil em 2020 era:

☐ Borá.

☐ Araguainha.

☐ Serra da Saudade.

☐ São Paulo.

2 O critério utilizado para definir o menor município do país foi:

☐ o tamanho da população.

☐ a área territorial ocupada.

3 A notícia também indica qual é o maior município do Brasil. Escreva o nome desse município: _____

Serra da Saudade (MG), localizada a cerca de 250 quilômetros de Belo Horizonte, é o menor município do Brasil em termos de população.

4 Preencha a tabela, de acordo com os dados da notícia:

	Menores municípios	Estado em que fica	Maiores municípios	Estado em que fica
1				
2				
3				

5 Pesquise quantos habitantes existem no município em que você vive. De acordo com a população, ele é pequeno como os menores municípios ou grande como os maiores do Brasil?

_____

_____

Atividades nos municípios

As zonas urbanas são caracterizadas pela aglomeração de pessoas e pela grande oferta de serviços, empresas e indústrias.

Região central da cidade de Curitiba (PR), em 2018.

Pedestres na região da Rua 25 de Março, uma das principais ruas comerciais de São Paulo, em 2014.

O campo (ou zona rural) é caracterizado pelas atividades agrárias e há uma aglomeração menor de pessoas. As moradias são mais distantes umas das outras e é comum que a população dessa área precise deslocar-se às cidades para obter alguns serviços.

Área de zona rural com criação de gado, localizada em São Paulo (SP).

Área de zona rural com plantação, localizada em Inhaúma (MG).

171

EU GOSTO DE APRENDER

Nesta lição, você estudou os itens a seguir.
- O município é o conjunto de um espaço urbano e de um espaço rural.
- O município tem limites, isto é, linhas imaginárias, demarcando seu espaço total.
- Esses limites podem ser naturais, como rios, montanhas e outros, ou artificiais, como ferrovias, pontes etc.
- O espaço urbano é também chamado de zona urbana e é o local da cidade onde predominam o comércio e os serviços.
- O espaço rural ou zona rural é o campo, onde se realizam atividades agropecuárias.
- As atividades e a ocupação do espaço diferem entre as zonas urbanas e rurais dos municípios.

ATIVIDADES

1 Quais são os limites do seu município? Faça uma pesquisa, com a ajuda do professor.

_____
_____
_____
_____

2 Marque um **X** na resposta correta.

☐ O município engloba tanto a zona rural como a zona urbana.

☐ O município corresponde apenas à zona urbana.

☐ O município é o espaço que se limita com a zona rural.

☐ As atividades agropecuárias podem ocorrer na zona urbana.

3 Observe as imagens e escreva que espaços do município elas mostram.

Recife (PE), 2017.

São Sebastião das Águas Claras (MG), em 2017.

4 Olhe novamente as imagens da atividade 3. Que elementos do espaço rural não aparecem no espaço urbano?

_____

5 O bairro onde você mora fica em qual espaço do município?

_____

173

EU GOSTO DE APRENDER MAIS

Símbolos municipais brasileiros

Cada um dos 5 570 municípios que existem no Brasil tem símbolos como bandeira, selo, brasão de armas e hino.

Esses símbolos são elementos que representam o lugar e sua história e são estabelecidos por leis municipais.

Alguns municípios podem também escolher uma planta como símbolo.

Veja um exemplo de símbolos municipais. Estes são do município de Atibaia, no estado de São Paulo.

A bandeira de Atibaia contém sete listras pretas horizontais. Elas indicam a cidade de Atibaia e os municípios que surgiram a partir dela: Bragança Paulista, Piracaia, Joanópolis, Nazaré Paulista, Bom Jesus dos Perdões e Jarinu. As estrelas lembram heróis da cidade.

O hino de Atibaia elogia o município e os seus habitantes. Ele começa assim:

Salve, Atibaia formosa!
De noites enluaradas,
De céus bordados de estrelas
E festivas alvoradas!
Cativante e hospitaleira
Tal como o nosso Brasil
Tu és Atibaia amada!
Terra amiga e gentil
Salve! Salve! Atibaia querida
Dos teus filhos jamais esquecida!
[...]

Disponível em: https://leismunicipais.com.br/a/sp/a/atibaia/lei-ordinaria/1963/68/677/lei-ordinaria-n-677-1963-dispoe-sobre-oficializacao-do-hino-de-atibaia. Acesso em: 30 jul. 2022.

Prefeitura da Estância de Atibaia
atibaia.sp.gov.br

O brasão do município de Atibaia tem referências à agricultura, a acidentes geográficos, como rios e montanhas, e à história da fundação pelos bandeirantes.

A azaleia foi escolhida como planta símbolo do município de Atibaia.

174

ATIVIDADES COMPLEMENTARES

1 De acordo com o texto, todo município brasileiro tem:

☐ vários símbolos. ☐ somente hino.

☐ apenas bandeira. ☐ plantas, como azaleias.

2 Complete: símbolos municipais são elementos que _____ o município e sua história.

3 O município de Atibaia, de acordo com o texto, tem como símbolo também uma planta. Que planta é essa?

_____

4 Circule o que pode ser símbolo de um município.

bandeira   fotografias   hino   pinturas   brasão   plantas

5 Faça uma pesquisa e descubra qual é o hino do seu município. Escreva-o no caderno.

LEIA MAIS

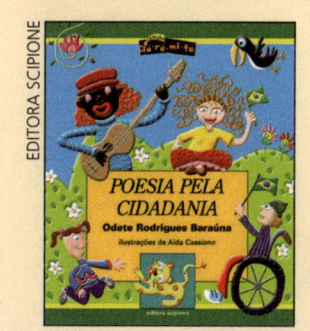

Poesia pela cidadania

Odete Rodrigues Baraúna. Ilustrações de Aída Cassiano. São Paulo: Scipione, 2019. (Dó-Ré-Mi-Fá)

O livro mostra que ser cidadão é respeitar os direitos de todos e saber como agir em várias situações, como no trânsito, nas ruas e nos parques.

LIÇÃO 3

MEU MUNICÍPIO

As pessoas que vivem nos municípios, seja na área urbana, seja na área rural, precisam receber alguns serviços básicos, como água encanada, energia elétrica e assistência médica, entre outros. Vamos conhecer mais sobre o seu município, os serviços essenciais a todos os cidadãos e a administração municipal.

O município onde eu vivo

Cada município tem uma paisagem diferente. Alguns são muito populosos, outros são predominantemente urbanos etc.

Relembre o caminho que você faz todos os dias para transitar entre a escola em que estuda e sua moradia.

Quais são os principais elementos da paisagem existentes? É um lugar predominantemente urbano ou rural?

ATIVIDADES

1 Faça uma lista indicando algumas características da paisagem existentes no caminho entre sua moradia e a escola.

_____
_____
_____
_____
_____
_____
_____

2 Você conhece as pessoas que passam por esse caminho? Você sabe se elas sempre moraram na cidade onde você vive? Faça uma pesquisa na sua comunidade escolar e responda no caderno:

- As pessoas que trabalham na escola onde você estuda já moraram em outra cidade?
- Tem algum colega de turma que já morou em outra cidade?

3 Produza um desenho simples do caminho entre sua moradia e a escola na qual você estuda. Neste desenho, indique os principais pontos de referência, como comércios e prédios históricos e elementos marcantes da paisagem. Ao final, mostre aos colegas e verifique se vocês representaram os mesmos elementos ou caminhos parecidos.

4 Algumas construções das cidades contam a história de sua população. Os prédios históricos são exemplos.

Faça uma pesquisa no *site* do municipio onde você vive sobre essas construções e responda:

- É possível perceber, nessas construções, contribuições de seus primeiros moradores? Qual é a origem desses moradores?

_____

_____

_____

Os serviços públicos

O governo do município deve garantir que algumas necessidades básicas da população sejam atendidas. Assim, ele é responsável por oferecer alguns serviços que garantam a saúde e o conforto das pessoas que vivem no município.

Todos os habitantes dos municípios pagam **impostos** e taxas ao governo. Conheça alguns serviços públicos prestados pelo município:

- construção de rede de água e esgoto;
- tratamento da água para beber e tratamento do esgoto;
- coleta de lixo;
- calçamento, limpeza e arborização de ruas, praças etc.;
- serviços de transporte coletivo;
- construção e conservação de estradas, pontes, ruas etc.;
- construção e funcionamento de escolas, creches, parques infantis, bibliotecas públicas etc.;
- construção de postos de saúde, prontos-socorros, hospitais públicos;
- criação e conservação de áreas de lazer etc.

VOCABULÁRIO

imposto: dinheiro cobrado obrigatoriamente de cidadãos e empresas com o objetivo de financiar as obras e os serviços públicos de educação, saúde, assistência social, entre outros, de modo a beneficiar toda a sociedade de maneira igualitária.

Criança cidadã. Portalzinho CGU. Glossário. Disponível em: www.portalzinho.cgu.gov.br/glossario/i. Acesso em: 20 ago. 2018.

Serviço de coleta de lixo na cidade de São José dos Campos (SP).

Estação de tratamento de esgoto em Itabuna (BA).

Alguns serviços públicos, como água, luz e telefone, podem passar do governo para empresas particulares, isto é, podem ser privatizados. Nesse caso, são essas empresas que executam e recebem por eles, sob a fiscalização do governo.

Os serviços públicos são executados por diversos servidores, chamados funcionários públicos.

Os governos dos estados e do país também são considerados serviços públicos e cobram impostos e taxas da população para funcionarem.

Observe alguns servidores:

Pacientes e profissionais da saúde, em clínica da família. Acari (RJ), 2021.

Professora e alunos em escola pública. Ipojuca (BA), 2019.

ATIVIDADES

1 Decifre o código e descubra o nome das menores divisões territoriais de um país.

1	2	3	4	5	6	7	8	9
I	M	B	K	U	L	E	N	V

10	11	12	13	14	15	16	17
T	C	A	F	O	H	Í	P

2 5 8 1 11 16 17 1 14

2 Liste três serviços públicos que devem ser oferecidos aos cidadãos.

_____

_____

3 Como os governos municipal, estadual e federal mantêm os serviços públicos que atendem à população?

_____

179

4 Responda às questões.

a) Para manter os serviços públicos, os governos cobram taxas e impostos da população. O que são taxas?

_____

b) E o que são impostos?

_____

5 Encontre no diagrama três aspectos comuns a todos os municípios.

A	S	C	V	H	U	U	M	K	G
C	G	B	J	E	S	G	O	T	O
R	G	G	N	H	B	F	E	W	V
V	B	H	E	F	A	M	O	C	E
A	S	C	B	G	J	K	O	Ç	R
D	V	B	F	B	N	R	H	D	N
A	K	K	R	T	F	D	S	B	O
P	O	P	U	L	A	Ç	Ã	O	Q

6 Pesquise e registre os dados do município onde você vive.

Nome do município: _____

Estado em que se localiza: _____

Número de habitantes: _____

A maior parte dos habitantes está na:

☐ área rural.   ☐ área urbana.

7 No município onde você mora existe:

a) posto de saúde? ☐ Sim. ☐ Não.

b) limpeza pública? ☐ Sim. ☐ Não.

c) água encanada? ☐ Sim. ☐ Não.

d) destino certo para o lixo? ☐ Sim. ☐ Não.

e) boa distribuição de alimentos? ☐ Sim. ☐ Não.

f) conservação de ruas e parques? ☐ Sim. ☐ Não.

g) transporte coletivo? ☐ Sim. ☐ Não.

h) áreas de lazer? ☐ Sim. ☐ Não.

8 Responda às questões no caderno.

a) Quem deve garantir as necessidades básicas da população do município?

b) Que nome recebe o dinheiro que é cobrado obrigatoriamente de todos os cidadãos?

c) Como são chamados os servidores que executam os serviços públicos?

A administração do município

Para garantir que todos os serviços públicos sejam oferecidos, os municípios contam com uma administração.

Quem comanda o município é o prefeito, que é eleito pelo voto dos cidadãos e fica no poder por quatro anos, podendo ser reeleito para mais quatro anos de governo. Ele é ajudado pelo vice-prefeito e por vários secretários. Cada secretário é responsável por um setor da administração do município. Por exemplo, existe um secretário para cuidar de questões relacionadas à saúde, outro para cuidar dos assuntos de educação etc.

Para fazer as leis do município, existem os vereadores. Eles também são eleitos pelo voto dos cidadãos e, como o prefeito, têm mandato de quatro anos. Eles se reúnem na Câmara Municipal e devem fiscalizar a administração do município.

Poder Executivo

O **Poder Executivo** tem a função de cuidar das necessidades da população. É também responsável por garantir que essas necessidades sejam atendidas dentro do que é permitido pelas leis.

O prefeito é o principal representante do Poder Executivo no município. Sua função mais importante é a execução das leis e a administração correta do dinheiro arrecadado de impostos e taxas pagos pelos cidadãos. Quando precisa se afastar do cargo, ele é substituído pelo vice-prefeito. Os dois trabalham na prefeitura municipal.

Para auxiliá-lo na administração do município, o prefeito escolhe pessoas que ficam responsáveis por determinados setores do funcionamento da cidade: são os secretários municipais. Eles administram as secretarias municipais, que devem prestar serviços à população, especialmente nas áreas de educação, obras públicas, saúde, segurança pública, entre outras.

O prefeito e seus assessores trabalham na prefeitura, um edifício que abriga parte da administração do município. Prefeitura de Missal (PR), 2021.

Poder Legislativo

O **Poder Legislativo** tem a função de reunir representantes políticos para criar novas leis, bem como fiscalizar o cumprimento das leis por parte do Poder Executivo.

Os vereadores são os representantes do Poder Legislativo no município. Por isso, quando os vereadores são eleitos pelo povo, eles se tornam os porta-vozes dos interesses de toda a população. Seu local de trabalho são as Câmaras Municipais.

Câmara Municipal de Oieiras (PI), 2021.

Poder Judiciário

O **Poder Judiciário** não faz parte do governo municipal. Ele pertence ao governo do estado e do Distrito Federal.

Esse poder tem a função de resolver, com base nas leis, a melhor solução para uma situação de conflito entre os cidadãos. Os representantes do Poder Judiciário – juízes, promotores públicos e advogados – são responsáveis por fiscalizar se os poderes Executivo e Legislativo estão respeitando e cumprindo a Constituição do Brasil. Os representantes do Poder Judiciário trabalham no Fórum Municipal.

Os poderes Executivo, Legislativo e Judiciário devem trabalhar juntos para promover o bem-estar da comunidade municipal e resolver problemas da população.

ATIVIDADES

1 Relacione as colunas correspondentes.

A	Elaboram as leis do município.	☐ Prefeito.
B	Responsável por um setor da administração do município.	☐ Vereadores.
C	Governa o município.	☐ Secretário.

3 Marque com um **X** a resposta certa.

Prefeitos, vice-prefeitos e vereadores são escolhidos:

☐ de três em três anos.   ☐ de quatro em quatro anos.   ☐ de cinco em cinco anos.

4 Como são escolhidos os prefeitos e vereadores?

_____

5 Escreva **E** se o representante for do **Poder Executivo**, **L** se for do **Legislativo** e **J** se for do **Judiciário**.

☐ Senador.   ☐ Presidente.   ☐ Deputado estadual.

☐ Governador.   ☐ Prefeito.   ☐ Deputado federal.

☐ Juiz.   ☐ Vereador.   ☐ Promotor público.

6 Assinale a alternativa correta.

a) Bens ou serviços públicos são:

☐ aqueles que pertencem a uma única pessoa.

☐ aqueles que atendem e pertencem a todas as pessoas.

b) As leis brasileiras mais importantes fazem parte da:

☐ Constituição do Brasil.   ☐ legislação do município.

7 Use as palavras do quadro para completar corretamente as frases a seguir.

> Câmara Municipal - Poder Executivo
> prefeito - secretários - vereadores

a) O município é governado pelo prefeito, que exerce o _____.

b) Os _____ pertencem ao Poder Legislativo.

c) O prefeito recebe o auxílio dos _____ para realizar seu trabalho.

d) O _____ trabalha na prefeitura.

e) A _____ é o local onde os vereadores trabalham.

8 Responda às questões.

a) Qual é a função do prefeito?

_____

b) E do vice-prefeito?

_____

c) De que os vereadores são encarregados e onde trabalham?

_____
_____

9 Complete a ficha a seguir com informações do município onde você vive.

Nome do prefeito: _____

Nome do vice-prefeito: _____

Desde quando estão no cargo: _____

Quantidade de vereadores no município:

_____

Nome de dois vereadores do município:

_____

Data da última eleição para prefeito e vereadores:

_____

Salário do prefeito:

_____

Salário do vice-prefeito:

_____

Salário dos vereadores:

_____

10 Pesquise na internet os endereços dos órgãos públicos de seu município. Indique o endereço do prédio e também o *site* destes órgãos:

a) Prefeitura

Endereço: _____

_____

Site: _____

b) Câmara de Vereadores

Endereço: _____

_____

Site: _____

c) Fórum Municipal
Endereço: _____

_____

Site: _____

185

Ser cidadão

Ser cidadão é ter direitos e deveres em relação a seu país. Um dos direitos mais importantes dos cidadãos é o direito de escolher seus representantes no governo por meio do voto. No Brasil, todas as pessoas com idade entre 18 e 70 anos devem votar. O voto é **facultativo** apenas para os analfabetos, para quem tem idade entre 16 e 18 anos e para pessoas com idade superior a 70 anos.

> **VOCABULÁRIO**
>
> **facultativo:** que não é obrigatório.

Mas ser cidadão não é apenas votar, pagar seus impostos e taxas e obedecer às leis da sociedade. Ser cidadão é preservar o lugar onde se vive. Telefones públicos, lixeiras, praças, parques e semáforos são exemplos de bens e espaços públicos que devem ser preservados por todos para que possam ser bem utilizados.

O cidadão também tem direitos. O principal deles é a liberdade. Só perde a liberdade aquele que desrespeita a lei e é julgado pela justiça. Os cidadãos têm o direito de trabalhar, liberdade de manifestar seus valores culturais e religiosos, liberdade para se organizar e expressar suas ideias, seja por manifestações presenciais pacíficas ou pela internet.

A cidadania é exercida no dia a dia, ou seja, devemos cumprir nossos deveres e lutar para ter nossos direitos garantidos diariamente.

ATIVIDADES

1 Liste três serviços públicos que devem ser oferecidos aos cidadãos.

_____

_____

2 Como os governos municipal, estadual e federal mantêm os serviços públicos que atendem à população?

_____

_____

3 O que você considera um dever do cidadão.

_____

_____

4 Quais são os direitos dos cidadãos?

_____

_____

EU GOSTO DE APRENDER

Com o professor, leia o que você estudou nesta lição.
- Serviços públicos são aqueles prestados à população. Os serviços públicos são mantidos por meio de impostos e taxas.
- Aqueles que trabalham nos serviços públicos são funcionários públicos.
- O prefeito, o vice-prefeito e os vereadores são eleitos por um período de quatro anos.
- Os cidadãos têm deveres, mas também direitos garantidos e que devem ser respeitados pela administração pública.

ATIVIDADES

1 Marque com um **X** quem faz parte do governo municipal.

☐ Prefeito. ☐ Deputados estaduais.

☐ Vice-prefeito. ☐ Senadores.

☐ Governador. ☐ Juízes.

☐ Presidente. ☐ Vice-presidente.

☐ Vereadores.

2 Faça a pesquisa e responda às questões.

a) Qual a população do município onde você mora?
_____

b) Qual a população do estado onde você mora?
_____

c) Na sua opinião, há muitas ou poucas pessoas vivendo em seu município?
_____

EU GOSTO DE APRENDER MAIS

Os cidadãos do município e o lazer

Todos precisamos de descanso, distração e diversão. As atividades que fazemos nesses momentos são atividades de lazer.

Ter lazer de boa qualidade é um direito de todos os cidadãos e os municípios devem oferecer formas de lazer, como cinemas, teatros, museus, jardins zoológicos, praças e parques, áreas para prática de esporte, piscinas etc.

Nas áreas rurais, há diferentes opções de lazer, como áreas para pesca, rios e cachoeiras, espaço para andar a cavalo, entre outros.

Além dos locais de lazer no município, as pessoas podem encontrar outras formas para se distrair e descansar. Ler, ouvir música, assistir à televisão, conversar, fazer trabalhos manuais, por exemplo, podem proporcionar bons momentos de lazer a todos.

Pessoas se divertem no Lago Negro, Gramado (RS), 2021.

Passeio a cavalo na cidade de Sabará (MG), 2022.

ATIVIDADES COMPLEMENTARES

1 Circule as formas de lazer que podem ser oferecidas pelo município.

praça   edifícios   zoológico   feira   ciclovia

lojas   museu   teatro   casas   clube

188

2 Elabore no caderno um roteiro de passeio a um local de lazer em sua cidade. Complete o folheto com os dados abaixo e ilustre-o.

- Local
- Como chegar
- O que há para fazer
- Melhor dia para visitar

3 Responda às questões.

a) Como você gosta de passar suas horas de lazer e diversão?

_____

_____

b) Como é o lugar em que você costuma se divertir?

_____

_____

4 Encontre, no diagrama, quatro formas de se divertir.

R	W	D	U	X	Q	P	L	E	R
Y	E	J	E	B	C	A	L	I	I
C	O	N	V	E	R	S	A	R	Y
O	V	Z	E	W	E	S	B	N	W
E	K	I	U	M	G	E	B	C	X
A	O	D	A	N	Ç	A	R	Ç	S
T	R	L	O	V	C	R	T	O	R

189

5 Troque cada letra pela anterior no alfabeto e descubra o nome de uma forma de lazer.

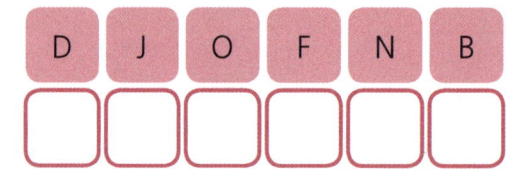

D J O F N B

6 Observe esta imagem e faça o que se pede.

a) Descreva como as crianças retratadas estão se divertindo.

_____

b) Escreva duas brincadeiras que fazem você se divertir.

_____

LEIA MAIS

Vários autores. Coleção Nossa Capital. São Paulo: Cortez, 2015.

Para cada capital brasileira, um livro lindamente ilustrado, contando a história da cidade e falando de seus principais atrativos.

LIÇÃO 4
O RELEVO E A HIDROGRAFIA DO PLANETA

O relevo

A superfície da Terra é o local onde vivemos, plantamos e fazemos nossas construções. Essa superfície não é regular: é formada por terrenos planos, terrenos ondulados (com subidas e descidas), terrenos altos e outros mais baixos.

Ao conjunto das diferentes formas da superfície terrestre damos o nome de **relevo**. O relevo terrestre sofre transformações ao longo do tempo.

PLANISFÉRIO: TIPOS DE RELEVO

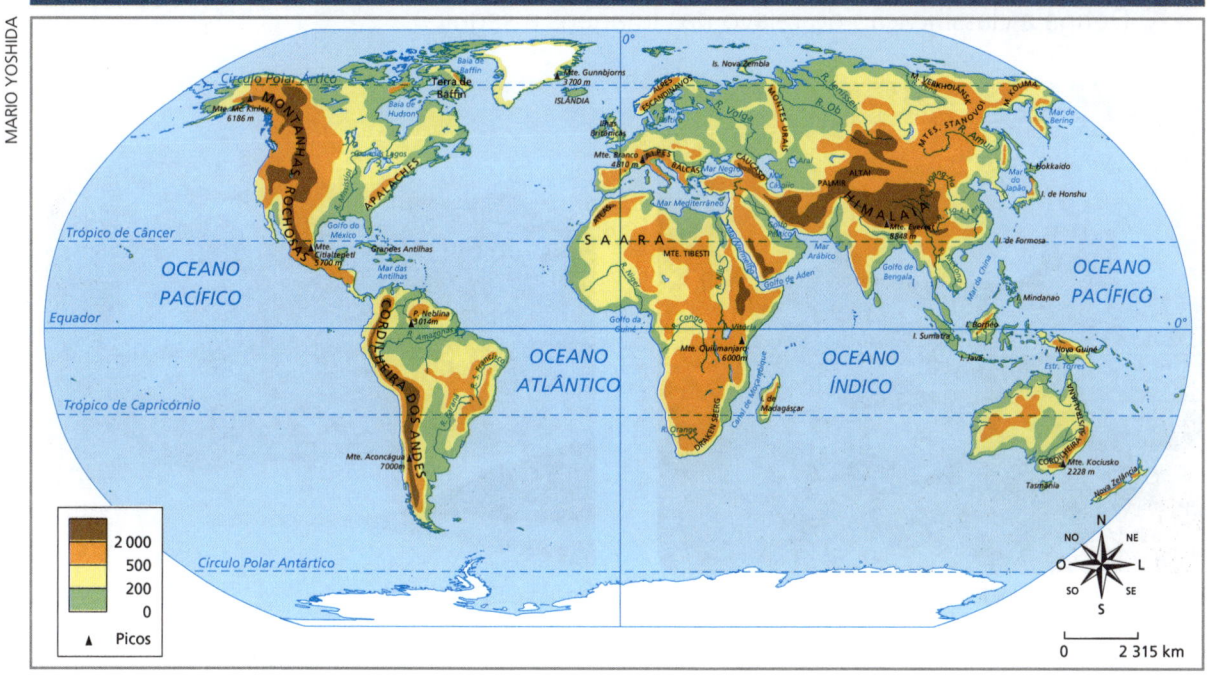

MARIO YOSHIDA

Fonte: *Atlas geográfico escolar*. Rio de Janeiro, IBGE, 2012. p. 33.

As principais formas de relevo são:

Montanhas

São grandes elevações de terra, originadas por processos internos da crosta terrestre. Em geral, são muito antigas e atingem altas altitudes.

Muitas montanhas têm as chamadas geleiras eternas em seus topos (picos), pois, em razão das baixas temperaturas durante todo o ano, nunca deixam de ter neve nessa parte do relevo.

Um grande conjunto de montanhas pode receber o nome de **cadeia** ou **cordilheira**.

ATIVIDADES

1 O que são montanhas?

_____

_____

_____

2 Como se chama um grande conjunto de montanhas?

_____

_____

3 Defina a classificação do relevo nas imagens a seguir.

a

Arizona, Estados Unidos.

b

Nevada, Estados Unidos.

Planícies

Planície é uma área cujo terreno é geralmente plano, com pequenas inclinações e baixas elevações.

A maioria das planícies está localizada nas beiras de rios e lagos. Áreas de planície são muito utilizadas para atividades agrárias. Em algumas também há destaque para atividade de pecuária, como a planície do Pantanal.

A planície litorânea do Brasil é muito ocupada por hotéis, restaurantes, casas de veraneio e demais comércios e serviços relacionados às atividades turísticas.

O Pantanal é uma planície que passa parte do ano alagada, o que irriga e fertiliza as terras para o período de vazante, quando vários terrenos ficam secos.

ATIVIDADES

1 O que é uma planície?

_____

_____

2 Como são ocupadas as áreas de planície?

_____

_____

_____

3 Uma planície que alaga com certa regularidade em determinados meses do ano pode ser utilizada com qual finalidade?

_____

_____

_____

_____

193

Planaltos

Planalto é a parte do terreno com maior altitude que a planície. Geralmente apresenta superfície irregular.

- Escarpa: é uma vertente muito inclinada, também chamada penhasco.
- Serra: conjunto de planaltos.
- Monte: elevação média de terra.
- Morro ou colina: pequena elevação de terra.

Penhasco na Irlanda.

Parque Nacional Serra da Estrela, em Portugal.

ATIVIDADES

1 Com a ajuda de seu professor, identifique numerando no desenho os tipos de relevo. Depois, pinte-o.

① Serra ou cordilheira
② Montanha
③ Planalto
④ Vale
⑤ Depressão
⑥ Planície
⑦ Ilha

2 Um amigo pretende fazer uma escalada leve com um grupo de pessoas. Você recomendaria a ele escalar um monte ou uma montanha? Por quê?

_____

_____

_____

Depressões

Também denominada depressão periférica, é uma área cercada de planaltos, porém de altitudes menos elevadas.

No Brasil, encontramos diversas áreas caracterizadas pelas depressões, destacando-se a depressão sertaneja do São Francisco e a depressão da Amazônia.

Rios

Rios, lagos, lagoas e geleiras são formados por águas não salgadas, por isso dizemos que são formados por "água doce".

Rios são correntes de água doce que se dirigem para o mar, para um lago ou para outro rio.

As partes de um rio são:
- nascente, o local onde um rio "nasce".
- leito, o local por onde correm as águas de um rio.
- margens, as terras localizadas nos lados direito e esquerdo de um rio.
- foz, o local onde um rio despeja suas águas.

PARTES DE UM RIO

A importância dos rios

Os rios são muito importantes para o equilíbrio do meio ambiente e, consequentemente, para todos os seres vivos. Além de ser o **hábitat** de vários animais e plantas, os rios são fundamentais para a manutenção da vegetação ao seu redor.

Os rios são utilizados para várias atividades necessárias à vida em sociedade: fornecem água para abastecer municípios e irrigar plantações; podem ser utilizados para navegação ou para produzir energia elétrica nas usinas hidrelétricas.

Os rios também são áreas de lazer para a população das áreas urbanas e do campo.

É fundamental preservar os rios e as áreas ao seu redor, evitando a contaminação das águas e do solo com lixo, agrotóxicos, esgoto e substâncias prejudiciais aos animais, à vegetação e aos seres humanos.

Um rio que despeja suas águas em outro rio é chamado **afluente**.

VOCABULÁRIO

hábitat: local que reúne condições favoráveis à vida e ao desenvolvimento de determinada espécie animal ou vegetal.

Barragens ou represas

Uma **barragem**, **açude** ou **represa** é uma barreira artificial, ou seja, construída pelos seres humanos, para a retenção de grandes quantidades de água. São utilizados, sobretudo, para fornecer água às residências, à produção agrícola ou à produção de energia elétrica.

Quando as barragens são construídas sem o devido controle ambiental, áreas importantes são alagadas, comprometendo significativamente a flora e a fauna locais. Em alguns casos, até mesmo a população da região precisa ser retirada de suas moradias por causa da inundação.

Barragem da Usina Hidrelétrica do Xingó, na divisa dos estados de Alagoas e Sergipe, 2020.

196

Lagos e lagoas

Lago é uma grande quantidade de água que ocupa a parte baixa de um terreno. **Lagoa** é um lago menor. Apesar dessa convenção, não há consenso sobre as dimensões mínimas e máximas para cada um deles. Por isso, a denominação correta para cada um deles pode gerar certa confusão e diferenças.

Lagoa Rodrigo de Freitas, Rio de Janeiro, 2021.

ATIVIDADES

1 Observe a imagem da página 195 e escreva o nome das partes do rio e pinte a figura.

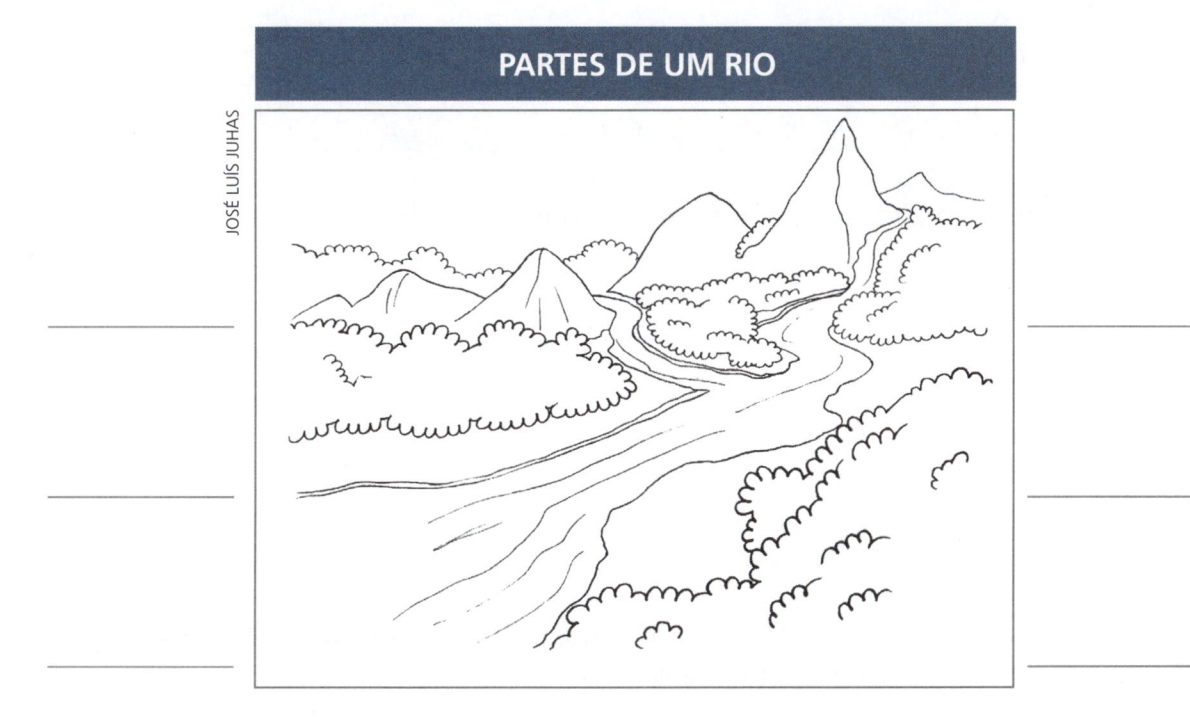

PARTES DE UM RIO

197

2 Por que os rios são importantes para o meio ambiente?

_____

_____

_____

3 Assinale com um **X** as frases corretas e corrija as erradas.

☐ Nascente é o lugar onde o rio "nasce".

_____

☐ Rio é uma corrente de água salgada.

_____

☐ Açudes ou barragens são construídos pelos seres humanos.

_____

☐ A Terra é conhecida como Planeta Verde.

_____

4 O Brasil possui muitos rios importantes. Pesquise e escolha um deles, indicando:

Nome: _____

Estado onde se encontra: _____

Nome de dois afluentes: _____

Importância para a região: _____

5 Pesquise na sua região se existe um rio, lago, lagoa ou represa. Indique qual a importância desse recurso para a região.

_____

_____

EU GOSTO DE APRENDER

Leia o que você estudou nesta lição.

- É na superfície da Terra que vivemos, plantamos, fazemos nossas construções. Essa superfície apresenta terrenos planos, outros mais altos, outros ondulados.

- Chamamos de relevo o conjunto de formas da superfície terrestre. O que molda a superfície do planeta são os ventos, as chuvas, os terremotos e as ações humanas.

- As principais formas de relevo são os planaltos, as planícies, as montanhas e as depressões.

- **Planalto** é uma superfície irregular mais alta que as terras vizinhas.

- **Montanha** é uma grande elevação da superfície. Um conjunto de montanhas forma uma cordilheira.

- **Escarpa** ou penhasco é uma vertente muito inclinada.

- **Morro** ou colina é uma pequena elevação de terreno.

- **Planície** é um terreno plano, de baixa altitude.

- **Depressão** é uma região baixa entre terrenos mais elevados, como a região por onde passa o Rio São Francisco.

- **Vale** é uma depressão alongada entre serras, por onde corre algum rio.

- Os rios, formados por água doce, são importantes para abastecer cidades, fornecer energia elétrica (com a construção de hidrelétricas), proporcionar navegação, favorecer o crescimento de vegetação, servir de hábitat para plantas e animais.

- As partes de um rio são: nascente, leito, margens e foz.

- Lagos são porções de água doce em uma parte rebaixada do terreno. Lagoas são lagos menores.

- Açudes, represas ou barragens são reservatórios de água construídos pelos seres humanos para a agricultura, abastecimentos de populações ou para gerar energia elétrica.

ATIVIDADES

1 Assinale a frase que explica o que é relevo.

☐ É a parte da superfície da Terra formada por montanhas.

☐ É o conjunto de formas que existem na superfície do planeta.

☐ São os lagos, rios, geleiras e depressões que existem na Terra.

☐ São os terrenos ondulados que formam as cordilheiras e as serras.

2 Complete as frases de modo correto.

a) As altitudes da superfície terrestre são medidas sempre em relação ao _____.

b) Uma superfície irregular, mais elevada que os terrenos em volta, é chamada _____.

c) Normalmente, as planícies são terrenos por onde correm _____.

d) Uma depressão alongada entre serras, por onde corre algum rio, é chamada _____.

3 Relacione.

| A | Planalto | C | Serra | E | Depressão |
| B | Planície | D | Escarpa | F | Montanha |

☐ Grande elevação de uma superfície.

☐ Terreno de superfície regular, de baixa altitude, como no litoral.

☐ Vertente muito inclinada de um planalto, o mesmo que penhasco.

☐ Conjunto de planaltos, não muito extenso.

☐ Área de menor altitude que o entorno, cercada de planaltos.

☐ Superfície irregular mais elevada que terrenos em volta.

4 Por que os rios são importantes?

- abastecem os mares e os oceanos com água.
- abastecem as populações, ajudam na vegetação, permitem navegação, produzem energia elétrica (através das hidrelétricas).
- congelam e, assim, formam as geleiras.
- dividem territórios, servindo de fronteiras.

5 Relacione corretamente o conceito com sua definição.

A Nascente   **C** Margem   **E** Afluente

B Leito   **D** Foz

☐ Outro rio que desemboca em um principal.

☐ Local onde o rio despeja suas águas.

☐ Nascedouro, uma fonte de água onde o rio começa.

☐ Terreno que ladeia o curso de água.

☐ Terreno por onde o rio corre.

6 Na região onde você mora existe um rio, um lago e/ou um açude? Pesquise e escreva seus nomes.

_____

_____

EU GOSTO DE APRENDER MAIS

A superfície da Terra muda constantemente. Um exemplo é a formação de ilhas, que pode acontecer pela ação de algum vulcão dentro do mar. Esta notícia conta como uma nova ilha assim se formou perto do Japão. Leia com atenção.

Nova ilha formada após erupção vulcânica cresce e fica quase colada a outra

A ilha japonesa formada recentemente [...] cerca de mil quilômetros ao sul de Tóquio devido a uma forte atividade vulcânica uniu-se à vizinha ilha de Nishinoshima, segundo informou a guarda costeira japonesa.

Um avião da guarda costeira **nipônica** confirmou que a pequena ilha formada no oceano Pacífico continuou a crescer até uma extensão de cerca de 15 hectares e ficar quase colada à desabitada ilha vulcânica de Nishinoshima.

Por essa razão, a nova ilha, que tinha sido provisoriamente batizada de *Niijima* ou *Shinto* (duas maneiras de dizer "Ilha nova" em japonês) e cuja formação foi tornada pública pela guarda costeira no passado 21 de novembro, não irá, assim, receber qualquer nome.

A nova formação aumentou até oito vezes de tamanho, desde que emergiu após as erupções vulcânicas, e calcula-se que a sua altura já alcançou a do vulcão, que continua ativo, com cerca de 50 metros acima do nível do mar

Os peritos não descartam a hipótese de a ilha continuar a aumentar de tamanho.

Nishinoshima encontra-se a 130 quilômetros da ilha habitada mais próxima, pelo que se considera que a sua atividade vulcânica não coloque nenhuma povoação em perigo.

Esta é a primeira erupção que se produz junto a Nishinoshima em cerca de 40 anos, depois que a ilha aumentou de tamanho entre 1973 e 1974, também devido à intensa atividade vulcânica.

LUSA. Nova ilha formada após erupção vulcânica cresce e fica quase colada a outra. 27 dez. 2013. RTP Notícias. Disponível em: http://www.rtp.pt/noticias/index.php?article = 705796&tm = 7&layout = 121&visual = 49. Acesso em: 30 jul. 2022.

As ilhas podem se formar a partir de vulcões sob o mar.

VOCABULÁRIO

nipônico: relativo ao Japão; o mesmo que japonês.

ATIVIDADES COMPLEMENTARES

1 Qual é o assunto dessa notícia?

☐ A formação de montanhas no Japão.

☐ Uma nova ilha criada por erupção de um vulcão no mar.

☐ Uma ilha japonesa que desapareceu há 40 anos.

2 O que significa em japonês o nome dado a essa ilha, *Niijima* ou *Shinto*?

_____

3 Pelo que diz a notícia, essa foi a primeira ilha formada por vulcão no Japão?

_____

_____

4 Assinale a informação correta, que está de acordo com a notícia.

☐ A erupção de um vulcão submarino colocou a população da Ilha de Nishinoshima em perigo.

☐ A população japonesa mais próxima das erupções vulcânicas encontra-se a 130 quilômetros de distância, portanto, não há risco para os povoados.

LEIA MAIS

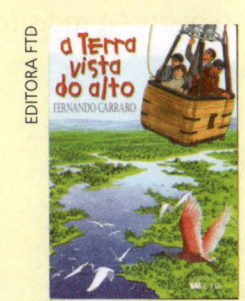

A Terra vista do alto

Fernando Carraro. São Paulo: FTD, 2000.

Rafael e Mariana viajam de balão descobrindo as formas da superfície terrestre e conversando sobre a formação do relevo.

203

LIÇÃO 5
ZONAS CLIMÁTICAS DO PLANETA

Você já deve ter notado que a temperatura no lugar onde mora é diferente da de outros lugares do Brasil e do planeta. Observe o planisfério a seguir, que indica as médias de temperatura. O que você percebe?

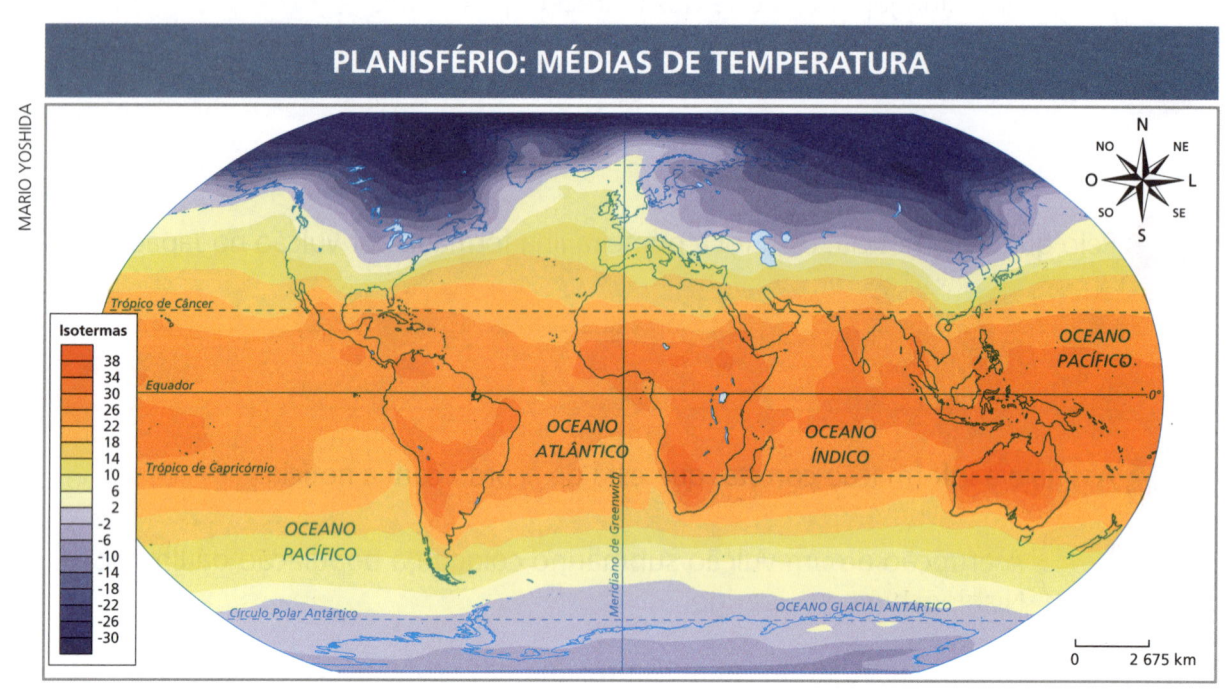

PLANISFÉRIO: MÉDIAS DE TEMPERATURA

Fonte: Atlas geográfico escolar. Rio de Janeiro: IBGE, 2012. p. 60.

ATIVIDADE

Você já percebeu que enquanto é verão no Hemisfério Norte, é inverno no Hemisfério Sul? Converse com seu professor sobre por que isso ocorre e registre a seguir a conclusão.

_____
_____
_____

Os diferentes climas

Sabemos que o tipo de clima no nosso planeta varia de região para região. Existem regiões da Terra que são quentes durante o ano inteiro, como aquelas próximas da Linha do Equador. Em outras, o frio intenso domina todos os meses, mesmo no verão. É o caso do Polo Sul.

Por que isso acontece?

Em razão do seu formato arredondado e da inclinação de seu eixo, a Terra não recebe luz e calor do Sol de modo igual. Há regiões que recebem luz solar com maior intensidade e outras com menor intensidade.

Essa distribuição desigual de luz e calor do Sol dá origem a diferentes **zonas climáticas** ou **térmicas**. Cada zona climática apresenta características muito próximas e se difere das demais.

Os raios solares atingem com mais intensidade as regiões ao redor da Linha do Equador e cada vez menos as regiões próximas aos polos.

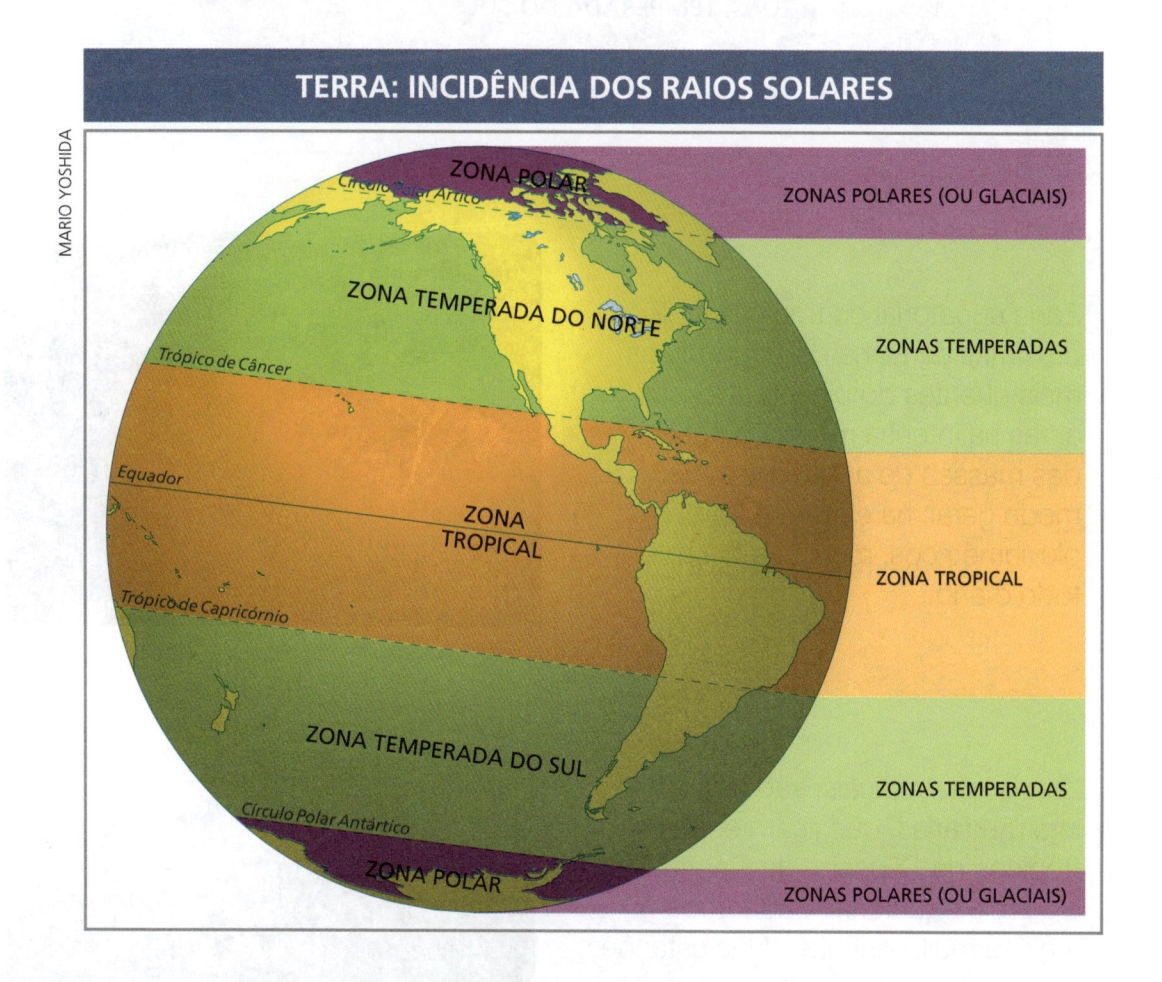

TERRA: INCIDÊNCIA DOS RAIOS SOLARES

De acordo com essas características, podemos então identificar as seguintes zonas climáticas na Terra: zona equatorial ou tropical, zona temperada do norte, zona temperada do sul, zona polar ou glacial antártica, zona polar ou glacial ártica.

205

Observe-as no mapa a seguir.

PLANISFÉRIO: ZONAS CLIMÁTICAS

ZONA POLAR ÁRTICA
Círculo Polar Ártico
ZONA TEMPERADA DO NORTE
Trópico de Câncer
ZONA TROPICAL
Equador
Trópico de Capricórnio
ZONA TEMPERADA DO SUL
Círculo Polar Antártico
ZONA POLAR ANTÁRTICA

0   3 010 km

Fonte: *Atlas geográfico escolar.* Rio de Janeiro: IBGE, 2012. p. 58.

- Zona equatorial ou tropical: regiões próximas da Linha do Equador, as mais quentes do planeta. Nessas áreas há intensa movimentação das massas de ar quente e, de modo geral, há elevados índices pluviométricos, regulares durante todo o ano.

Floresta tropical de montanha, no Peru.

- Zonas intertropicais: são as faixas intermediárias, que ficam entre os trópicos de Câncer e de Capricórnio e a zona equatorial. São também regiões muito quentes. Nas estações mais frias do ano, costumam receber massas de ar geladas provenientes de latitudes mais altas.

Vegetação intertropical no Zimbábue.

- Zonas temperadas: ficam entre o Trópico de Capricórnio e o Círculo Polar Antártico (ao sul) e entre o Trópico de Câncer e o Círculo Polar Ártico (ao norte). São regiões de temperaturas mais amenas. Nessa faixa há grande amplitude térmica entre as estações quentes e frias.

Região da Patagônia, na Argentina.

- Zonas glaciais ou polares: no Polo Norte temos a zona glacial Ártica, e no Polo Sul, a zona glacial Antártica. São as áreas mais frias do planeta Terra, localizadas em altas latitudes. Por isso, são consideradas as áreas mais inóspitas que existem.

Antártida.

ATIVIDADES

1 Escreva o nome de cada uma das zonas climáticas da Terra.

a) _____

b) _____

c) _____

d) _____

e) _____

f) _____

g) _____

207

2 Coloque, nas frases a seguir, a letra de cada zona climática, de acordo com o que você respondeu na atividade 1.

☐ É a zona mais quente do planeta.

☐ Fica ao norte e é uma das zonas mais frias do planeta.

☐ Fica ao norte e tem temperatura amena.

☐ Fica ao norte e tem temperatura elevada.

☐ Fica ao sul e tem temperatura amena.

☐ Fica ao sul e tem temperatura elevada.

☐ Fica ao sul e é uma das zonas mais frias do planeta.

3 Pinte as zonas climáticas da Terra com cores diferentes e produza uma pequena legenda, identificando cada uma.

PLANISFÉRIO: ZONAS CLIMÁTICAS

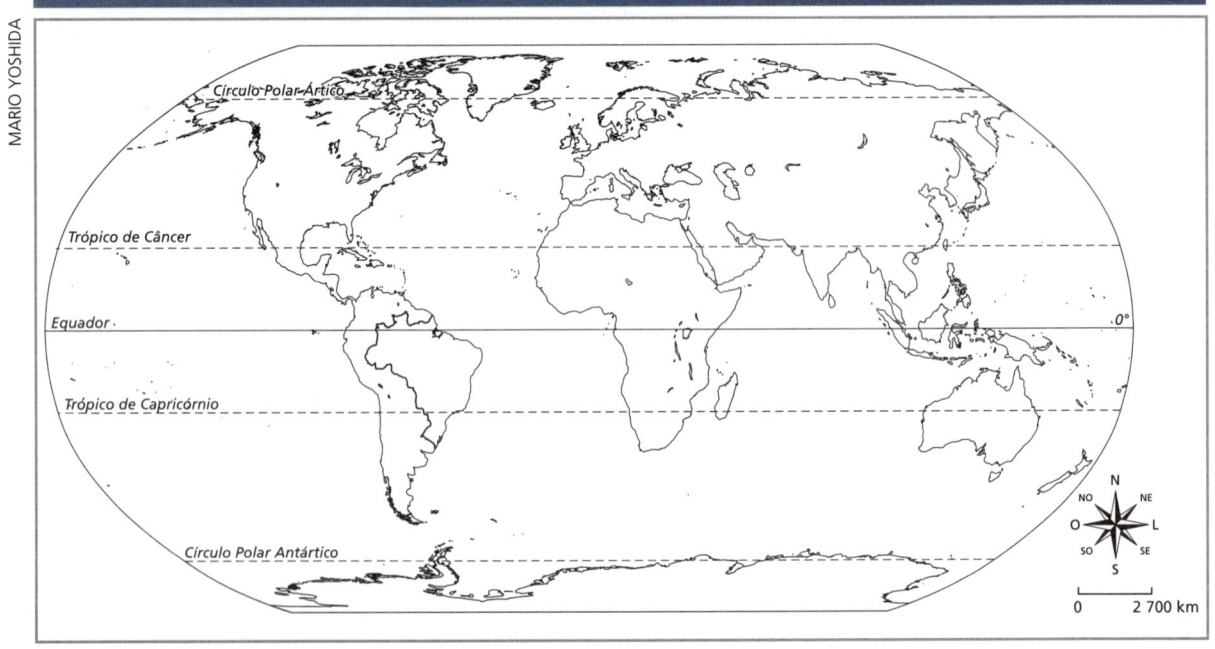

MARIO YOSHIDA

Fonte: *Atlas geográfico escolar*. Rio de Janeiro: IBGE, 2012. p. 58.

208

Os climas do Brasil

Diariamente, podemos observar se está fazendo calor ou frio, se o céu está ensolarado ou nublado. Esses são apenas exemplos de como está o tempo.

O conjunto das características do tempo que se repetem, durante certo período, constitui o **clima** de um lugar.

Observe, no mapa, os principais tipos de clima do Brasil.

BRASIL – CLIMAS

LEGENDA
- Equatorial
- Tropical semiúmido
- Tropical semiárido
- Tropical úmido
- Tropical de altitude
- Subtropical

CARLOS HENRIQUE DA SILVA

Fonte: *Atlas geográfico escolar*. Rio de Janeiro: IBGE, 2009.

Leia, a seguir, algumas informações sobre os tipos de clima do Brasil.

Clima equatorial

O clima equatorial é um tipo de clima quente e úmido, com muita chuva durante o ano todo. Nos estados do Amazonas e do Pará, por exemplo, predomina esse tipo de clima.

209

Clima tropical

O clima tropical é predominante na maior parte do território brasileiro. Por isso, nosso país é chamado de "país tropical".

Esse clima é classificado em tropical semiárido, tropical semiúmido, tropical úmido e tropical de altitude.

Clima tropical semiárido

É o clima do sertão nordestino. Faz muito calor o ano todo e apresenta longos períodos de seca.

Vista aérea de trecho da Floresta Amazônica, em São José do Rio Claro (MT).

Clima tropical semiúmido

É o clima predominante na maior parte do Brasil. Esse clima possui uma estação chuvosa (verão) e uma estação seca (inverno).

A Caatinga é vegetação do clima semiárido nordestino. Pedra Lavrada (PB).

Serra da Canastra, em Minas Gerais, região de clima tropical semiúmido.

Clima tropical úmido

É um clima litorâneo caracterizado por chuvas frequentes e mal distribuídas durante o ano. As temperaturas são elevadas ao longo de todo o ano.

Clima tropical de altitude

É o clima que ocorre nas regiões de altitudes mais elevadas. As chuvas são mal distribuídas durante o ano, concentrando-se no verão.

Clima subtropical

É um clima que apresenta invernos frios com geadas e chuvas durante o ano todo.

São Joaquim (SC), região de clima subtropical.

ATIVIDADES

1 Escreva as características de cada clima.

a) Clima equatorial:
_____

b) Clima tropical semiárido:
_____

c) Clima tropical semiúmido:
_____

d) Clima tropical úmido:
_____

e) Clima subtropical:
_____

f) Clima tropical de altitude:
_____

2 Escreva **V** para verdadeiro ou **F** para falso.

☐ O clima que predomina no sul do Brasil é o tropical.

☐ No Brasil predominam os climas quentes.

☐ O clima equatorial é quente e úmido.

☐ No litoral brasileiro, predomina o clima tropical semiúmido.

☐ O clima tropical semiárido ocorre no sertão nordestino.

3 Analise novamente o mapa **Brasil – Climas**, identifique o clima predominante no estado em que você mora e registre no seu caderno as principais características desse clima.

EU GOSTO DE APRENDER

Leia o que você estudou nesta lição.

- Os raios solares não atingem a Terra de modo igual, porque o planeta tem forma esférica. Além disso, os raios solares atingem com maior intensidade a área próxima à Linha do Equador, gerando diferenças térmicas em cada região.
- O planeta foi dividido em zonas climáticas:
  - **Zona glacial ou polar antártica**, ao sul: uma das regiões mais frias do planeta.
  - **Zona glacial ou polar ártica**, ao norte: região extremamente fria, no Polo Norte.
  - **Zona temperada do norte**: entre o Trópico de Câncer e o Círculo Polar Ártico, região de temperaturas amenas, mais baixas.
  - **Zona temperada do sul**: entre o Trópico de Capricórnio e o Círculo Polar Antártico, ao sul, também região de temperaturas mais amenas.
  - **Zona intertropical do norte**: entre a Linha do Equador e o Trópico de Câncer, região muito quente.
  - **Zona intertropical do sul**: entre a Linha do Equador e o Trópico de Capricórnio, região muito quente.
  - **Zona equatorial**: nas imediações da Linha do Equador, é a região mais quente do planeta.
- No Brasil encontramos os climas **equatorial**, **tropical**, **tropical semiárido** e **tropical semiúmido**, **tropical úmido**, **tropical de altitude** e **subtropical**.

ATIVIDADES

1 Quais são as regiões mais quentes do planeta Terra?

_____

2 Em que zonas climáticas encontramos as regiões mais frias da Terra?

_____

3 Qual é a característica climática das zonas intertropicais do planeta?

_____

EU GOSTO DE APRENDER MAIS

Características das regiões de acordo com a zona climática

Cada zona climática da Terra tem características que marcam essas regiões.

Assim, nas zonas glaciais ou polares, é muito frio durante o ano inteiro, mesmo quando é verão.

Nas zonas temperadas, as estações do ano são mais bem definidas, com temperaturas altas no verão e baixas no inverno. No outono, por exemplo, é comum que as folhas das árvores caiam. No inverno pode nevar em alguns lugares.

Já nas zonas tropical e equatorial, não há estações do ano bem definidas, e essas regiões apresentam altas temperaturas praticamente o ano todo. São as regiões de florestas, de muita umidade, de chuvas constantes e onde se encontra uma diversidade muito grande de espécies de vegetais e animais.

Verão na cidade de Nice, França. No inverno a temperatura da cidade gira entre 17 °C e 7 °C.

Outono em rodovia dos Estados Unidos, com a típica mudança de cores das folhas da vegetação.

Primavera na Holanda, com as famosas tulipas floridas.

Parque Nacional Banff, em Alberta, no Canadá, durante o inverno.

Verão na praia em Tibau do Sul (RN).

ATIVIDADES COMPLEMENTARES

1 Quais alterações conforme as mudanças das estações climáticas você consegue perceber no lugar onde mora?

_____

_____

2 Faça um desenho representando pessoas que vivam na zona glacial ou polar ártica. Depois, escreva uma legenda.

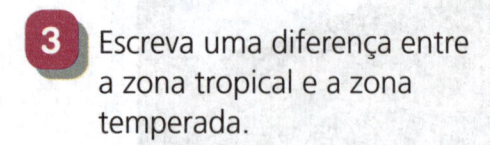

3 Escreva uma diferença entre a zona tropical e a zona temperada.

_____

_____

4 Faça uma pesquisa em sala de aula utilizando revistas e jornais e monte, no caderno, uma colagem com imagens de pessoas ou locais em três zonas climáticas diferentes.

LEIA MAIS

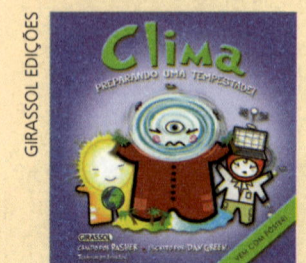

Clima — Preparando uma tempestade!

Dan Green. Portugal: Girassol Edições. (Coleção Ciência Fácil), 2013.

Com esse livro, aprender sobre o clima e suas principais características ficará muito mais fácil.

LIÇÃO 6 — A VEGETAÇÃO DO PLANETA

O conjunto de diferentes tipos de planta que nascem naturalmente em uma região chama-se **vegetação**.

A formação e o desenvolvimento da vegetação dependem das condições do solo e do clima. Assim, a vegetação varia em cada região do planeta conforme mudam as condições climáticas e as características do solo e do relevo. Esses fatores fazem com que a superfície do planeta apresente grande variedade de tipos de vegetação.

O Brasil, por exemplo, tem regiões com climas muito diferentes. Há no país, também, áreas com características diversificadas quanto à vegetação. A vegetação de determinada área pode ser classificada em diferentes tipos, dependendo dessas características.

TIPOS DE VEGETAÇÃO

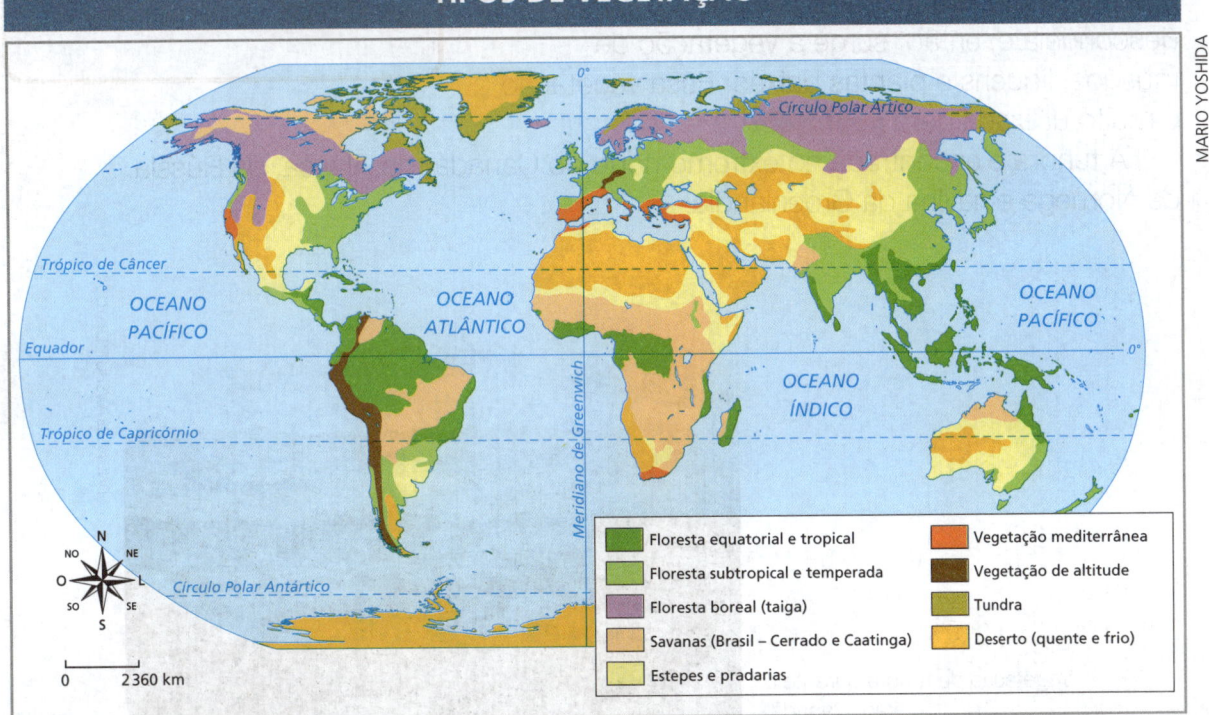

Legenda:
- Floresta equatorial e tropical
- Floresta subtropical e temperada
- Floresta boreal (taiga)
- Savanas (Brasil – Cerrado e Caatinga)
- Estepes e pradarias
- Vegetação mediterrânea
- Vegetação de altitude
- Tundra
- Deserto (quente e frio)

Fonte: *Atlas geográfico escolar*. Rio de Janeiro: IBGE, 2012. p. 61.

A vegetação é fundamental para o equilíbrio ecológico de nosso planeta.

215

ATIVIDADES

1 O que faz a vegetação do planeta variar?

_____

2 Que tipos de vegetação você conhece?

_____

3 A vegetação do lugar onde você mora está representada no mapa? Qual é?

_____

Tundra

É um tipo de vegetação existente em regiões onde o solo permanece congelado praticamente o ano inteiro. Durante poucos meses, o solo descongela e, então, surge a vegetação de musgos, liquens e plantas baixas. Essa vegetação é muito utilizada para **pastoreio**.

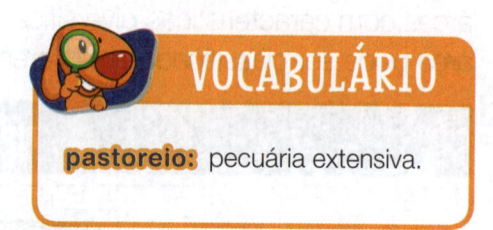

A tundra é encontrada no extremo norte do Canadá, do Alasca, da Rússia, da Noruega e na ilha da Groenlândia.

VOCABULÁRIO

pastoreio: pecuária extensiva.

Vegetação de tundra durante o verão, Canadá.

Floresta de coníferas

Esse tipo de vegetação é característico nas regiões de clima frio, nas quais predominam os pinheiros (coníferas), que produzem um fruto em forma de cone e têm folhas em forma de agulha, o que contribui para não acumular neve. São árvores que sobrevivem a invernos longos e extremamente frios, com neve durante toda a estação.

A extração de madeira movimenta a economia nesses locais.

Podemos encontrar esse tipo de vegetação no norte da Europa, no Canadá e na Rússia.

Vegetação de coníferas, na Alemanha.

ATIVIDADES

1 Descreva a vegetação de tundras.

_____
_____
_____

2 Descreva a vegetação de coníferas.

_____
_____
_____

3 Assinale com um **X** as afirmações verdadeiras.

☐ Os pinheiros são adaptados a climas extremamente frios.

☐ Musgos e liquens podem ser encontrados em altas latitudes do Hemisfério Norte.

☐ A floresta de coníferas pode ser encontrada também em áreas baixas de regiões tropicais.

☐ A tundra pode ser encontrada na zona climática equatorial do planeta.

217

Floresta temperada

Esse tipo de formação vegetal é composto por árvores que perdem as folhas antes da chegada do inverno – por isso, são conhecidas como "florestas das folhas que caem". As folhas das árvores brotam novamente na primavera.

Encontramos esse tipo de vegetação no leste dos Estados Unidos, no centro da Europa, nas ilhas do Reino Unido e no nordeste da China.

Floresta temperada no Japão.

Vegetação de altitude

Essa vegetação é formada por arbustos de raízes firmes e profundas que sobrevivem aos ventos fortes e ao frio. O clima não contribui para o desenvolvimento de uma vegetação mais variada.

Encontramos a vegetação de altitude no alto das montanhas, na América do Sul, principalmente na área ocupada pela Cordilheira dos Andes, e também na Ásia, no Himalaia.

Campos de altitude no Parque Nacional de Itatiaia.

Estepe

Vegetação formada predominantemente por gramíneas, muito utilizadas para pastagem de animais, e poucas árvores. É típica de áreas subtropicais e seu subsolo geralmente é rico em nutrientes, o que favorece a prática agrícola.

Esse tipo de vegetação pode ser encontrado no Brasil, no sul da África, no leste da Europa, no centro da Ásia e no leste da Austrália.

Vegetação de estepes, em montanha localizada no Quirguistão.

ATIVIDADES

1 Escreva o que você entende por vegetação.

_____

_____

2 Relacione corretamente.

☐ 1 O solo permanece congelado na maior parte do tempo e descongela apenas por alguns meses.

☐ 2 Vegetação formada por grama.

☐ Estepe   ☐ Tundra

3 Escolha um tipo de vegetação, pesquise e preencha o quadro.

Tipo de vegetação	
Características das plantas	
Locais do planeta onde ocorre	

4 Como a mudança de clima tem afetado as áreas ocupadas pelas tundras?

_____

_____

_____

219

Floresta tropical

A floresta tropical desenvolve-se em regiões quentes e úmidas. As árvores têm muitas folhas **perenes**, isto é, não caem no inverno.

Nas florestas tropicais existem árvores com até 60 metros de altura. Encontramos esse tipo de vegetação na América do Sul, na América Central, no centro da África e no sudeste da Ásia.

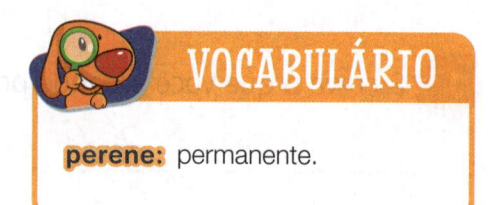

VOCABULÁRIO

perene: permanente.

Mata Atlântica, floresta tropical localizada no Brasil.

Vegetação mediterrânea

Vegetação característica das faixas do litoral mediterrâneo europeu (porção sul) e africano (porção norte), formada por árvores pequenas (como oliveiras e videiras), moitas e arbustos.

Vegetação de montanha conhecida como garrigue, na Grécia.

220

Em grandes áreas com vegetação mediterrânea, principalmente na Espanha, cultivam-se oliveiras para a produção de azeite, que abastece boa parte do território europeu. Além das oliveiras, destaca-se a produção de uvas, utilizadas na produção de vinho. Esses tipos de cultivo são favorecidos pelo clima próprio da região, quente, que recebe massas de ar provenientes do território africano.

ATIVIDADES

1 Indique **1** para as características da floresta tropical e **2** para as de vegetação mediterrânea.

☐ Desenvolve-se em regiões quentes e úmidas.

☐ Ocupam a porção sul da Europa.

☐ As folhas não caem no inverno.

☐ Ocupam o norte da África.

☐ Árvores com até 60 metros de altura.

☐ Cultivam-se oliveiras e videiras.

☐ Produz matérias-primas para produção de vinho e azeite.

2 Imagine que um viajante terá de subir o Rio Amazonas desde sua foz até praticamente sua nascente. Assinale o tipo de vegetação predominante pelo qual ele passará.

☐ Tundra.

☐ Vegetação mediterrânea.

☐ Floresta temperada.

☐ Floresta tropical.

☐ Floresta de coníferas.

221

Savana

Formação vegetal composta por plantas rasteiras, diversos tipos de capim, árvores pequenas distantes umas das outras e arbustos retorcidos. O relevo, em geral, é plano.

Presente em partes tropicais da América do Sul, da África, da Índia e da Austrália. No Brasil, esse tipo de vegetação é mais conhecido como **Cerrado**.

Vegetação de deserto

A vegetação característica de regiões desérticas quentes é de cactáceas. Em geral, são espinhosas ou com pequenas folhas. Apresentam raízes profundas, capazes de retirar água do subsolo e armazená-la no caule.

No maior **deserto quente** do mundo, o Saara, localizado na África, existem formações de vegetação de palmeiras em que pode haver água. Um conjunto desses forma o que chamamos **oásis**. Na América do Sul há o deserto mais seco do mundo, o Deserto de Atacama.

Além dos desertos quentes, há os **desertos gelados**. São áreas localizadas em altas latitudes, na maioria das vezes, nos polos. O continente Antártico ou Antártida é o maior deserto gelado do mundo e, por isso, é chamado de continente gelado.

Cerrado em Pirenópolis (GO), 2014.

Parque na Reserva Indígena Navajo, nos Estados Unidos, em 2013.

Deserto gelado na Nova Zelândia.

ATIVIDADES

1 Pinte de vermelho os ▢ com as características das áreas de savana e de verde os que descrevam características de áreas de deserto.

▢ Formada por plantas rasteiras e árvores esparsas.

▢ Localizadas em altas latitudes.

▢ Formada por cactáceas.

▢ Existem áreas muito quentes e secas ou muito frias.

▢ No Brasil, é conhecida como Cerrado.

2 O deserto mais seco do mundo é o Deserto de _____, que se localiza na _____.

3 Qual é o maior deserto quente do mundo? Onde está localizado?

_____

_____

4 Onde se localiza o deserto mais gelado do mundo?

_____

_____

5 Como é o nome do conjunto de vegetação apresentado na foto? Onde ocorre esse tipo de formação?

_____

_____

_____

_____

MARIO.BONO/SHUTTERSTOCK

223

EU GOSTO DE APRENDER

Leia o que você estudou nesta lição.

- Na superfície terrestre existem muitos tipos de plantas. O conjunto de plantas que crescem naturalmente em uma região chama-se vegetação.

- O tipo de vegetação varia de acordo com o clima, a quantidade de água, o tipo de solo. Nas regiões mais frias do planeta temos:
    - **Tundra**: ocorre no Hemisfério Norte, onde o solo permanece congelado quase o ano inteiro. Nos poucos meses em que descongela, aparecem musgos, liquens e plantas baixas. É a vegetação que predomina no extremo norte do Canadá, do Alasca (que pertence aos Estados Unidos), da Rússia, da Noruega e na ilha da Groenlândia.
    - **Estepe**: vegetação com poucas árvores e predomínio de grama, própria para pastagens.
    - **Floresta de coníferas**: vegetação em que predominam pinheiros (coníferas), os quais resistem a invernos frios e longos.
    - **Floresta temperada**: árvores que perdem suas folhas com a chegada do inverno (floresta das folhas que caem).
    - **Vegetação de altitude**: vegetação do alto das montanhas, como na Cordilheira dos Andes, na América do Sul. Formada por arbustos resistentes ao frio e aos ventos fortes.

- Nas regiões mais quentes do planeta aparecem os seguintes tipos de vegetação: floresta tropical, vegetação mediterrânea, savana e vegetação de deserto.
    - **Floresta tropical**: regiões quentes e úmidas. Árvores podem atingir 60 metros de altura, com muitas folhas, que são perenes.
    - **Vegetação mediterrânea**: árvores pequenas como oliveiras, videiras, moitas e arbustos, localizadas nos litorais europeu e africano.
    - **Savana**: vegetação que apresenta árvores pequenas e retorcidas, plantas rasteiras e esparsas, vários tipos de capim. No Brasil, chama-se Cerrado.
    - **Vegetação de deserto**: cactáceas, espinhosas e com poucas folhas nos desertos quentes. Os trechos com palmeiras e alguma água são os oásis. O maior deserto gelado do mundo fica no interior do continente Antártico ou Antártida.

ATIVIDADES

1 Complete.

Vegetação é _____
_____

2 Cite quatro fatores que fazem a vegetação do planeta variar.

_____

_____

3 Que tipos de vegetação podem ser encontrados nas regiões mais quentes do planeta Terra?

_____

_____

4 Complete as frases com as palavras do quadro.

> oliveiras   Floresta Amazônica   Mata Atlântica
> mediterrânea   Cerrado

a) Para produzir azeite, plantam-se _____, típicas da vegetação _____.

b) No Brasil, temos dois exemplos de floresta tropical, que são a _____ e a _____.

c) No Brasil, o tipo de vegetação de savana é chamado de _____.

225

5 Identifique o tipo de vegetação apresentado nas imagens.

Parque Nacional do Itatiaia, Pico das Agulhas Negras, Itatiaia, RJ.

Vegetação no Norte dos Estados Unidos.

_____

Vegetação do sul de Minas Gerais.

Vegetação no deserto de Black Rock, nos Estados Unidos.

_____

Floresta no Norte do Brasil.

_____

226

EU GOSTO DE APRENDER MAIS

A vida animal em alguns tipos de vegetação

A vegetação do planeta varia conforme o clima, o solo, a quantidade de água, entre outros fatores, como você viu. Ela também influencia o clima, podendo torná-lo mais úmido, por exemplo, quando há florestas. Outra relação importante se dá entre a vegetação e os animais. Para cada tipo de vegetação na Terra existem tipos de animais que melhor se adaptam e vivem dos recursos que nela encontram.

Nas florestas de coníferas do Hemisfério Norte vivem alces, ursos-pardos, lobos, martas, linces, esquilos, raposas, entre outros. As sementes das coníferas dessas florestas também servem de alimento para muitos tipos de ave, como o cruza-bico, de bico curvo cujas pontas se cruzam como uma tesoura. Com esse recurso, a ave consegue cortar as pinhas e abrir as sementes.

Nas florestas temperadas predominam doninhas, lobos, linces, insetos variados, répteis, anfíbios. Nas estepes, há muitos mamíferos, como coiotes, búfalos, leopardos, zebras, girafas, além de répteis, insetos e aves como gaviões e corujas. Nas tundras, por causa do frio intenso, há espécies animais que mudam de hábitat quando chega o inverno, como o lobo, o urso-polar, a coruja-das-neves e outros. Os lemingues (pequenos roedores), no entanto, cavam buracos e túneis no gelo e ali se abrigam, comendo musgos e liquens.

ATIVIDADES COMPLEMENTARES

1 Assinale a frase **incorreta** e corrija-a.

☐ A vegetação do planeta não influencia o clima nem a vida dos animais.

_____
_____
_____

☐ Há regiões do planeta que são mais úmidas por causa da influência da vegetação, como as grandes florestas.

_____
_____
_____

☐ Para cada tipo de vegetação da Terra existem diferentes tipos de animais que melhor se adequam a cada vegetação.

_____
_____
_____

2 Escolha uma vegetação citada no texto e escreva quais animais vivem nessa região.

_____
_____
_____
_____

3 Cite três tipos de vegetação em que aparecem lobos.

_____
_____
_____

LEIA MAIS

Contos ecológicos

Paulo Debs. São Paulo: Hagnos, 2011.

Contos infantis sobre as temáticas do meio ambiente e da preservação da natureza.

228

LIÇÃO 7 — A NATUREZA E A PAISAGEM

Observe as imagens apresentadas a seguir.

Glaciar Perito Moreno, na Argentina, 2018.

Vegetação europeia, 2017.

Como você descreveria cada uma dessas imagens? Você já visitou algum local com uma paisagem parecida com essas? Quais eram as diferenças e as semelhanças?

Nesta lição você aprenderá a fazer a **leitura das paisagens**, descrevê-las e compará-las.

ATIVIDADES

1 O que você observa nas paisagens apresentadas nas imagens?

_____
_____

2 Alguma dessas imagens é parecida com o lugar onde você vive? Quais são as semelhanças?

_____
_____
_____

O que é paisagem?

Tudo aquilo que os nossos olhos conseguem ver – objetos, construções, relevo, vegetação, elementos climáticos e seres vivos – em determinado local forma uma **paisagem**.

Na paisagem você pode identificar **elementos naturais** e **elementos criados pelos seres humanos**. Como esses elementos variam muito de um local para outro, as paisagens são diferentes.

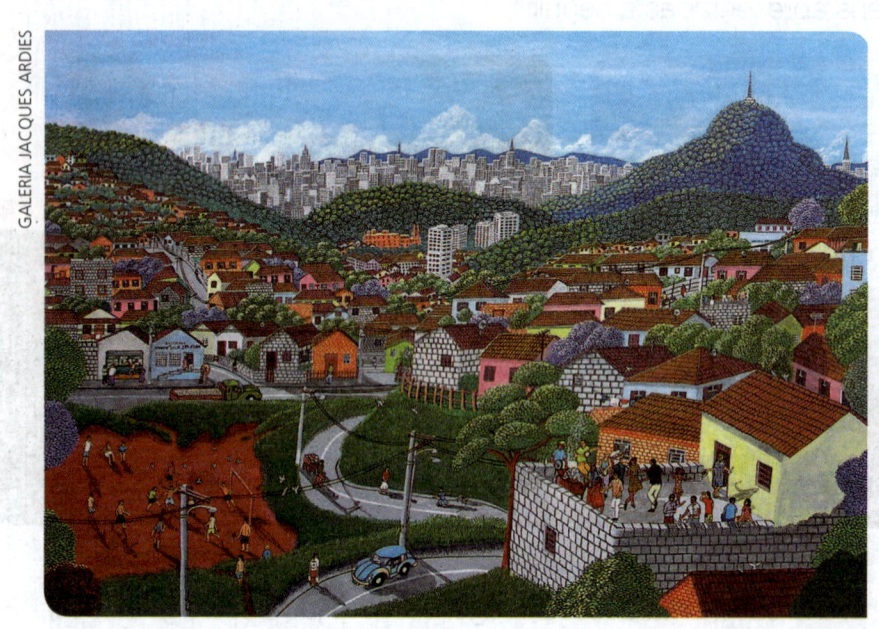

O subúrbio (2004), de Airton das Neves. Óleo sobre tela, 50 cm × 70 cm. Nesse quadro, o pintor brasileiro representou uma paisagem na qual aparecem elementos naturais e elementos criados pelos seres humanos.

As paisagens mudam

Além de serem diferentes umas das outras, as paisagens mudam constantemente, seja por ação da natureza, seja pela ação do ser humano.

A ação da natureza acontece de várias maneiras. Essas mudanças podem ocorrer por causa de erosões, chuvas, terremotos, *tsunami*, vulcões etc.

Mudanças causadas por erosão e chuvas

Erosão é o desgaste e o arrastamento do solo, provocado por ventos, chuvas e até pelos seres humanos. A erosão do solo pode ocorrer lentamente, ao longo de muitos anos, ou abruptamente, como em um deslizamento.

Para os seres humanos, esse tipo de fenômeno, o **deslizamento**, é sempre ameaçador, pois, se no momento em que ocorrer houver pessoas no local, elas podem ser soterradas.

Um modo de prevenir deslizamentos é não destruir a vegetação nos locais altos, pois as árvores, gramíneas e outras plantas "seguram" o solo e as rochas.

VOCABULÁRIO

deslizamento: grande deslocamento de materiais sólidos, como o solo, geralmente provocado por chuvas fortes em áreas sem cobertura vegetal.

Mudanças causadas por terremotos

A superfície do nosso planeta, ou crosta terrestre, repousa sobre imensas placas, chamadas **placas tectônicas**. Essas placas são móveis e se mexem e se chocam umas contra as outras, pois estão flutuando sobre uma massa pastosa de temperatura altíssima que forma o interior da Terra.

Quando as placas tectônicas se chocam, provocam tremores na superfície da Terra. Nós chamamos esses tremores de **terremotos**. Eles podem ser muito fortes (destruindo bairros ou cidades) ou mais fracos (que nem são percebidos pelos seres humanos). Nas áreas de encontro das placas, os terremotos tendem a ser mais intensos.

Em áreas muito chuvosas e com pouca vegetação, a erosão é intensa e pode causar deslizamentos de terra.

PLACAS TECTÔNICAS

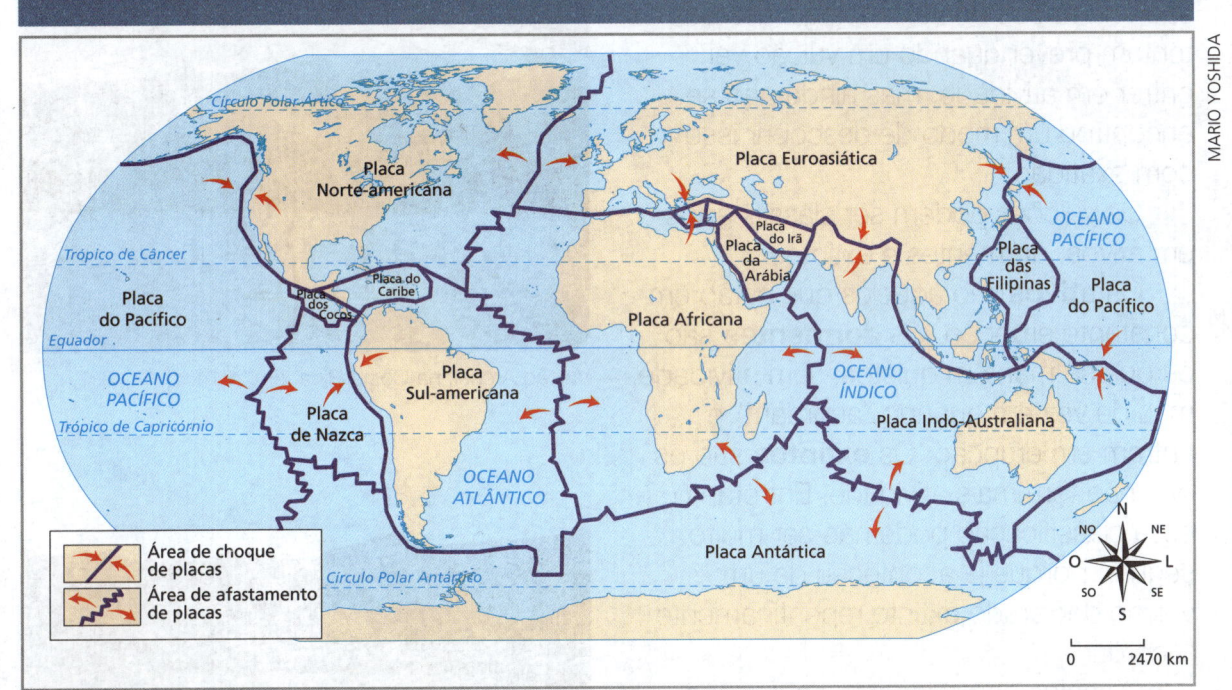

Fonte: *Atlas geográfico escolar*. Rio de Janeiro: IBGE, 2012. p. 12.

Os terremotos mais fortes mudam a paisagem, pois alteram o relevo e a vegetação e podem causar tragédias, caso atinjam regiões habitadas. Alguns países estão bastante sujeitos a terremotos, como o Japão e o Chile, pois estão bem próximos do encontro de placas tectônicas. Outros países, como o Brasil, têm tremores mais fracos, porque estão mais afastados da junção de placas tectônicas.

231

Mudanças causadas por vulcões

Vulcão é uma estrutura do relevo que surge quando o **magma**, gases e partículas quentes (cinza vulcânica) escapam do núcleo da Terra para a superfície. Essa estrutura de relevo é como um funil invertido e o material vulcânico "espirra" por ele, enchendo a atmosfera com poeira e gases e o território ao redor com ondas de lava (magma) que, depois, se resfriarão e se tornarão sólidas.

A erupção de um vulcão pode atingir locais habitados nas suas imediações, destruindo vilas, cidades e plantações, além de matar pessoas e animais. Ou seja, pode causar um grande desastre natural.

Os cientistas que estudam os vulcões são chamados de vulcanologistas. Eles tentam prever quando um vulcão vai entrar em atividade, mas ainda não se encontrou um modo de descobrir isso com exatidão.

Os vulcões podem ser classificados em ativos, dormentes e extintos.

Os **ativos** são aqueles que estão em constante erupção. Os **dormentes** são os que se mantêm quietos, sem atividade, mas de vez em quando "acordam" e entram em erupção. Os **extintos** são os que não têm mais atividade. Entretanto, essa classificação pode não ser muito segura, porque já aconteceu de um vulcão declarado extinto repentinamente "acordar".

Os solos nos arredores de vulcões muito antigos, formados de lava resfriada e endurecida, costumam ser férteis, favorecendo as plantações.

Magma sendo expelido pelo vulcão Etna, na Itália, em 2017.

Vulcão Arenal, na Costa Rica, em 2014.

Lago localizado na cratera de vulcão, no Equador, 2017.

232

ATIVIDADES

1 Explique o que você entendeu por paisagem.

_____

_____

_____

2 Marque cada frase a seguir com **C** se estiver correta e com **E** se estiver errada. Depois, corrija a(s) frase(s) errada(s) no caderno.

☐ As paisagens jamais se modificam, pois são resultado da ação da natureza e da ação do ser humano.

☐ A natureza pode mudar a paisagem quando ocorrem fenômenos como chuva e vento.

☐ Erosão significa o deslocamento de parcelas do solo por ação de fenômenos naturais ou pelo ser humano.

3 Complete a frase: As paisagens podem mudar por ação da natureza, por exemplo, quando ocorrem _____, _____, _____, _____

e _____.

4 Marque com um **X** a resposta correta. Quando os fenômenos naturais que mudam a paisagem acontecem em regiões povoadas, eles são considerados:

☐ desastres naturais. ☐ vulcões ativos. ☐ tragédias humanas.

5 Por que acontece um terremoto?

_____

_____

_____

233

EU GOSTO DE APRENDER

Leia o que você estudou nesta lição.

- As paisagens são tudo aquilo que nossos olhos veem ao nosso redor. Elas podem mudar tanto por ação da natureza como por ação dos seres humanos.

- Os elementos da natureza que mudam as paisagens são as erosões, as chuvas, os terremotos, os *tsunami* e os vulcões.

- As **erosões** são o deslocamento de parcelas de solo provocado por ventos, chuva ou ação dos seres humanos.

- Os **terremotos** são tremores que podem ser intensos ou mais fracos, causados pelo choque das placas tectônicas.

- Os **vulcões** são estruturas em forma de funil invertido, em região de montanhas, pelas quais o líquido incandescente do núcleo da Terra escapa, assim como gases e cinza vulcânica, atingindo a superfície terrestre.

- Os estudiosos dos vulcões (vulcanologistas) classificam essas estruturas em vulcões ativos (quando estão em erupção), dormentes (quando estão "quietos", mas se presume que possam entrar em erupção) e extintos (quando já não ocorrem erupções há milhares de anos).

ATIVIDADES

1 Assinale os eventos que podem mudar uma paisagem.

☐ Terremoto. ☐ Queimada. ☐ Vulcão ativo.

☐ Ferrovia. ☐ Plantação. ☐ Chuva.

☐ Ponte. ☐ Erosão. ☐ Vento.

2 Circule o que for unicamente ação da natureza.

ferrovias   pontes   erosão   estradas
ventos   moradias   terremotos

234

EU GOSTO DE APRENDER MAIS

Construções inteligentes para enfrentar desastres naturais

Quando ocorreu o fortíssimo terremoto seguido de um *tsunami*, em 2011, no Japão, muitos prédios permaneceram de pé. Como isso foi possível?

Pelo Japão sofrer terremotos frequentes há muitos anos, os japoneses desenvolveram tecnologias de engenharia civil que permitem construir prédios capazes de resistir a fortes abalos.

Eles erguem prédios que têm um sistema com molas e suspensão no subsolo e que balançam quando ocorre um tremor de terra. É um movimento bem suave, mas muito eficiente. Ele impede que as paredes e colunas rachem e o prédio desabe.

Além disso, todos os vidros da edificação ficam entre borrachas que os protegem quando há tremores. Assim, não quebram com facilidade.

Quando acontecem terremotos, quase nenhum prédio ou construção desmorona no Japão. Outros países sujeitos a terremotos frequentes, como o Chile, já começaram a importar essa tecnologia.

Edifício em Taipei, Taiwan, é um dos mais altos do mundo e conta com um sistema contra terremotos.

235

ATIVIDADES COMPLEMENTARES

1 Assinale a frase correta de acordo com o texto.

☐ Os japoneses estão construindo abrigos subterrâneos para enfrentar *tsunami*.

☐ Quase todos os prédios das cidades desmoronaram com os terremotos no Japão.

☐ O Chile, por também sofrer terremotos, tem enviado engenheiros civis para ajudar os japoneses a enfrentar esses desastres naturais.

☐ Os japoneses desenvolveram tecnologias para construir prédios que dificilmente desabam com os terremotos.

2 Os prédios japoneses resistem a fortes tremores de terra porque:

☐ são construídos inteiramente com aço.

☐ têm estruturas que os fazem balançar ou se movimentar.

☐ suas vidraças são de borracha.

☐ são prédios baixos, que não caem com terremotos.

LEIA MAIS

O espirro do vulcão

Tatiana Belinky. São Paulo: Caramelo, 2011.

O livro conta os perigos que as pessoas correm quando um vulcão entra em erupção.

LIÇÃO 8 — O SER HUMANO E A PAISAGEM

Vista de Belo Horizonte (MG), em 2017.

Na paisagem acima, você pode identificar elementos naturais e elementos criados pelos seres humanos. Esses elementos variam muito de um lugar para outro. Por isso, as paisagens são diferentes.

ATIVIDADES

1. Quais são os elementos humanos e os naturais dessa paisagem?

   _____

   _____

2. No lugar onde você mora, quais são os elementos humanos e os naturais que existem?

   _____

   _____

Cidade

Quando a paisagem natural é transformada pelos seres humanos, dizemos que ela foi modificada. Algumas das modificações humanas que podemos observar nas paisagens naturais são: a abertura de ruas e avenidas; a construção de pontes, viadutos, casas, edifícios e barragens; a escavação de túneis etc.

Quando uma paisagem natural é muito modificada e predominam os elementos humanos, dizemos que é uma **área urbana**, ou **cidade**. Veja, ao lado, imagem de área urbana.

Note que os elementos construídos pelos seres humanos predominam na paisagem urbana.

Área urbana em Viña del Mar, no Chile, 2017.

Campo

Quando há pouca alteração na paisagem e predominam os elementos naturais, como rios, árvores, animais e plantações, dizemos que se trata de uma **área rural**, também chamada **campo**.

Há alterações na paisagem que nem sempre são visíveis. Quando uma empresa pulveriza uma plantação com pesticida, por exemplo, o solo é contaminado e, por vezes, as pessoas nem se dão conta disso. Há empresas ou pessoas que despejam poluentes nos rios e pode ser que isso demore para ser percebido, pois nem todos os elementos contaminantes alteram o aspecto da água.

Área rural em Torres (RS), em 2017.

ATIVIDADES

Observe as paisagens e complete as frases.

a) Na paisagem da foto ao lado, é possível observar elementos naturais, como:

_____

_____

_____

Aldeia do Demini em território Yanomani, em 2012.

b) Na paisagem da foto ao lado, predominam os elementos construídos pelo ser humano, como:

_____

_____

_____

Vista aérea da Avenida Paulista, em São Paulo, 2018.

c) Na paisagem da foto da Baía de Guanabara, podemos ver elementos naturais, como o _____

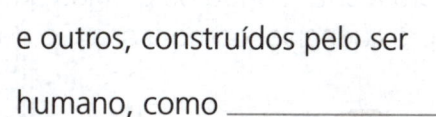

_____

e outros, construídos pelo ser humano, como _____

_____

Baía de Guanabara, no Rio de Janeiro, 2018.

239

Poluição do ar

Um dos mais sérios problemas ambientais é a poluição do ar, porque é do ar que os seres humanos e todos os demais seres vivos retiram o oxigênio necessário à sobrevivência.

As atividades dos seres humanos, nos últimos séculos, desde o surgimento da indústria, têm resultado na produção de toneladas de poluentes que são despejados na **atmosfera** (a camada de ar em torno da Terra). Há cidades que sofrem mais e outras que sofrem menos com esse problema, dependendo de como se controla a emissão de gases e de outros produtos químicos. Entre as cidades mais poluídas do mundo estão Pequim (China), Tóquio (Japão), São Paulo (Brasil), Nova York (Estados Unidos) e Cidade do México (México).

A **poluição do ar** acontece por causa da queima de combustíveis fósseis, como petróleo (utilizado na produção de gasolina e *diesel*) e carvão mineral. Ao serem queimados, esses produtos lançam na atmosfera monóxido de carbono e gás carbônico, que são prejudiciais para a saúde dos seres humanos.

Nas grandes cidades, ocorre aumento de doenças ligadas à poluição, como rinite, bronquite (respiratórias), alergias em geral, doenças nos olhos e na garganta etc.

Os profissionais de saúde recomendam que em dias muito secos, em locais de poluição, deve-se beber bastante água e evitar exercitar-se ou permanecer ao ar livre nos horários mais quentes.

Em cidades localizadas entre montanhas, a poluição do ar pode ser mais intensa, pois os poluentes não se dispersam facilmente.

A poluição do ar pode modificar o clima, pois os poluentes acabam formando uma camada ao redor das cidades, o que dificulta a diminuição do calor.

Existem, atualmente, diversas campanhas para alertar contra os perigos da poluição do ar e exigir que os governos tomem providências, como a criação de leis que proíbam as indústrias de lançar na atmosfera gases **nocivos**. Cientistas procuram encontrar combustíveis menos poluentes para os automóveis. O Brasil já usa o etanol, combustível derivado da cana-de-açúcar, que polui bem menos que a gasolina, extraída do petróleo.

> **VOCABULÁRIO**
>
> **nocivo:** prejudicial à saúde.

Poluição dos rios, lagos e mananciais subterrâneos

Os rios, os lagos e os mananciais de água subterrânea são essenciais para os seres humanos e os demais seres vivos do planeta. Todos precisam consumir água doce para continuar vivendo. Entretanto, principalmente com o crescimento das cidades, surgiu um dos mais sérios problemas ambientais: a **poluição das águas**.

As águas começaram a ser contaminadas por lixo, esgoto, entulho e outros materiais poluentes. Isso extermina os peixes e as plantas, "matando" esses cursos de água, em que nada mais sobrevive, exceto algumas bactérias.

Águas poluídas causam males à população, aumentando o número de doentes com febre tifoide, cólera, disenteria, meningite e hepatites A e B, entre outras enfermidades graves. Os mosquitos transmissores de doenças se multiplicam, bem como parasitas que provocam verminoses.

Em alguns locais do mundo, os poderes públicos cada vez mais se preocupam com isso. Na França, o governo da cidade de Paris conseguiu despoluir o Rio Sena, que estava completamente contaminado décadas atrás. O mesmo aconteceu na cidade de Londres, na Inglaterra, onde o Rio Tâmisa foi inteiramente recuperado e despoluído.

O Rio Sena foi totalmente despoluído e atualmente serve de área de entretenimento para população local e turistas.

No Brasil, nos grandes centros urbanos, já existem rios "mortos", como os rios Tietê e Pinheiros, em São Paulo.

É preciso aumentar a campanha contra a poluição dos rios, ensinando as pessoas que não se deve jogar lixo nas águas e exigindo dos poderes públicos leis que protejam essas águas.

241

Poluição de rios

Muitas cidades nascem e crescem próximas a rios, pois a água é fundamental para várias atividades humanas, como alimentação, higiene etc.

Com o crescimento das cidades, as margens dos rios são cada vez mais ocupadas por construções e os rios não podem mais correr livremente. Seu curso é retificado, isto é, deixa de ter curvas e passa a ser reto para permitir a melhor ocupação dos arredores.

A mata ciliar é retirada das margens dos rios. Tal vegetação é muito importante para o rio, pois ela deixa o solo fofo para absorver as águas das chuvas, ajudando no controle das enchentes e evitando o desmoronamento de terra para dentro do rio. Sem a mata ciliar, o rio sofre assoreamento do solo proveniente das margens, que se desloca para o fundo do rio, diminuindo sua profundidade. Isso é um dos fatores que causam enchentes no período das chuvas.

> A mata ciliar protege as margens dos rios, assim como os cílios protegem os nossos olhos.

Dessa forma, os esgotos e os detritos das cidades são lançados às águas dos rios, fazendo com que terra, areia, esgoto e lixo ali se acumulem, tornando-o mais raso e sujeito a inundações.

ATIVIDADES

1 Por que os desmoronamentos acontecem?
_____
_____

2 Explique por que os rios que passam por áreas urbanas sofrem com a poluição.
_____
_____

3 Por que a mata ciliar é importante para o rio?
_____
_____

4 A imagem a seguir é de um trecho do Rio Curuá, no estado do Pará. Observe-a e faça o que se pede.

a) Descreva o que você observa na paisagem ao redor do rio.

_____

_____

b) Pela imagem, você observa alguns fatores que podem desencadear poluição e outros problemas no Rio Curuá?

_____

_____

5 Observe a imagem a seguir e responda à questão.

- Pelo que você observou desta imagem e da imagem atividade 4, qual rio tem maior chance de transbordar durante o período das cheias? Justifique sua resposta.

_____

_____

Vista de trecho do Rio Tietê, em São Paulo, SP.

_____

243

EU GOSTO DE APRENDER

Leia o que você estudou nesta lição.

- As cidades são chamadas áreas urbanas. Nelas, as transformações realizadas pelos seres humanos são tantas que predominam na paisagem.

- No campo, chamado área rural, as transformações causadas pelos seres humanos são menores. Algumas dessas transformações não são visíveis.

- Tanto nas cidades como no campo as paisagens são constantemente modificadas pela ação da natureza e dos seres humanos.

- Quando a ação humana é desordenada e sem planejamento, pode levar à poluição do ar e dos rios, lagos e mananciais, prejudicando seriamente a natureza e a saúde de todos os seres vivos.

- A poluição do ar ocorre com a emissão de gases nocivos na atmosfera, por queimadas, indústrias, automóveis etc. Isso provoca doenças, principalmente respiratórias.

- A poluição da água de lagos e de mananciais subterrâneos ocorre pelo despejo desordenado de lixo, esgotos e produtos químicos nocivos às águas.

ATIVIDADES

1 Sublinhe o que for problema enfrentado em centros urbanos.

a) Baixos salários na época da colheita dos produtos agrícolas.

b) Poluição causada por excesso de automóveis.

c) Congestionamentos pelo excesso de automóveis.

d) Falta de moradia e de serviços essenciais para a população, quando esta começa a crescer muito.

e) Poluição dos rios e de suas margens.

2 Escolha uma área do lugar onde você vive que tenha algum tipo de poluição. Faça, no quadro a seguir, um desenho que represente essa paisagem. Procure indicar os elementos naturais e culturais da paisagem, destacando os elementos poluidores. Ao final, dê um título ao desenho, com o nome dessa área.

3 Quais tipos de poluição foram representados no seu desenho?

_____

_____

_____

4 Compare seu desenho com o desenho de seus colegas e responda às questões.

a) Quais foram os tipos de poluição apresentados?

_____

_____

b) Esses problemas são os mesmos apresentados em seu desenho?

_____

_____

c) Em sua opinião, quem são os causadores desse tipo de poluição no lugar onde vocês vivem?

_____

_____

_____

d) Como esses problemas de poluição poderiam ser reduzidos ou extintos?

_____

_____

_____

5 Na escola onde você estuda há espaços poluídos? Por que isso ocorre?

_____

_____

6 Indique com um **X** quais tipos de doenças podem ser contraídas pela ingestão de água poluída.

☐ Meningite.   ☐ Febre tifoide.

☐ Dengue.   ☐ Bronquite.

☐ Hepatites A e B.   ☐ Disenteria.

☐ Cólera.   ☐ Asma.

7 Complete as frases corretamente.

a) A _____ pode modificar o clima, pois os poluentes acabam formando uma camada ao redor das cidades.

b) Existem campanhas que exigem dos governos a proibição de as indústrias lançarem na atmosfera gases _____.

c) O Brasil já usa como combustível um derivado da cana-de-açúcar, o _____, que polui bem menos que a _____, extraída do petróleo.

d) A poluição do ar acontece por causa da queima de _____ _____.

e) Nas grandes cidades, ocorre aumento de doenças ligadas à poluição, como _____ e _____.

f) Quando a paisagem natural é transformada pelos seres humanos, dizemos que ela foi _____.

g) Quando há pouca alteração na paisagem e predominam os elementos naturais, dizemos que se trata de uma _____.

247

EU GOSTO DE APRENDER MAIS

Reciclar para um planeta mais saudável

É muito importante, nos dias de hoje, reciclar os materiais que usamos. Essa é uma maneira de evitar o consumismo e de diminuir a poluição do planeta.

Praticamente tudo que usamos e criamos pode ser reciclado, isto é, pode ser modificado e adquirir outras funções úteis para a vida do ser humano. No Brasil, já existem fábricas que reciclam plástico, alumínio, pneus, papel, objetos eletroeletrônicos etc. em diversos municípios, o que faz com que essa prática se desenvolva.

O processo é assim: as pessoas separam o lixo, colocando o chamado "lixo seco", isto é, reciclável, em embalagens próprias, que os funcionários das prefeituras ou empresas recolhem em um dia específico da semana. O lixo descartável é separado em grandes estabelecimentos: latinhas, embalagens de leite, garrafas plásticas e papel. Esses recicláveis são encaminhados para fábricas que se incumbem de tratá-los. Em seguida, os produtos são vendidos para indústrias que necessitam desses materiais para a fabricação de novas mercadorias.

Muitas pessoas nas cidades vivem de catar e separar o lixo descartável. Elas recolhem papel, papelão, latas de alumínio, garrafas plásticas, plásticos e outros recicláveis. Depois, levam tudo para grandes centros receptores, onde vendem o material coletado.

Esteira para separação de materiais recicláveis, em cooperativa em São Paulo, 2014.

ATIVIDADES COMPLEMENTARES

1 Sente-se com um colega e conversem sobre esse texto. Procurem escrever uma frase que resuma o assunto. Vocês podem começar assim:

Este texto fala da importância... _____

_____

_____

_____

248

2 Assinale as frases corretas, de acordo com o texto.

☐ No Brasil ainda não existem fábricas para reciclar materiais.

☐ Praticamente tudo que usamos e criamos pode ser reciclado.

☐ Objetos eletroeletrônicos podem e devem ser reciclados.

☐ Além da coleta seletiva nas cidades, também existem pessoas que vivem de coletar e separar materiais para serem reciclados.

3 Faça um desenho mostrando a reciclagem de algum produto que você usa, como papel, papelão, garrafa PET ou o que você escolher. Mostre o produto em sua forma inicial, o "caminho" que ele percorre na reciclagem e o destino final, transformado em um novo produto.

LEIA MAIS

A poluição tem solução!

Guca Domenico. São Paulo: Nova Alexandria, 2009. (Coleção Volta e Meia).

Nando, um menino de 7 anos, descobre que todos são responsáveis pelo meio ambiente, e que, por isso, acabar com a poluição também depende de todas as pessoas.

Coleção

Eu gosto m@is

ALMANAQUE

A paisagem

1 Observe a paisagem retratada na imagem abaixo.

JOSÉ LUÍS JUHAS

a) Essa paisagem é de uma área urbana ou rural?

_____

b) Complete o quadro com o que você vê nessa paisagem.

Elementos naturais	Elementos construídos pelos seres humanos

c) Qual tipo de atividade é possível observar na cena?

☐ Agricultura ☐ Pecuária

2 Veja as ilustrações e indique se representam situações ligadas ao campo ou à cidade, conforme a legenda a seguir:

🟩 Campo

🟪 Cidade

ILUSTRAÇÕES: JOSÉ LUÍS JUHAS

253

O transporte de mercadorias

Complete com os adesivos, que estão no final do livro, o destino de cada etapa da produção do suco de laranja.

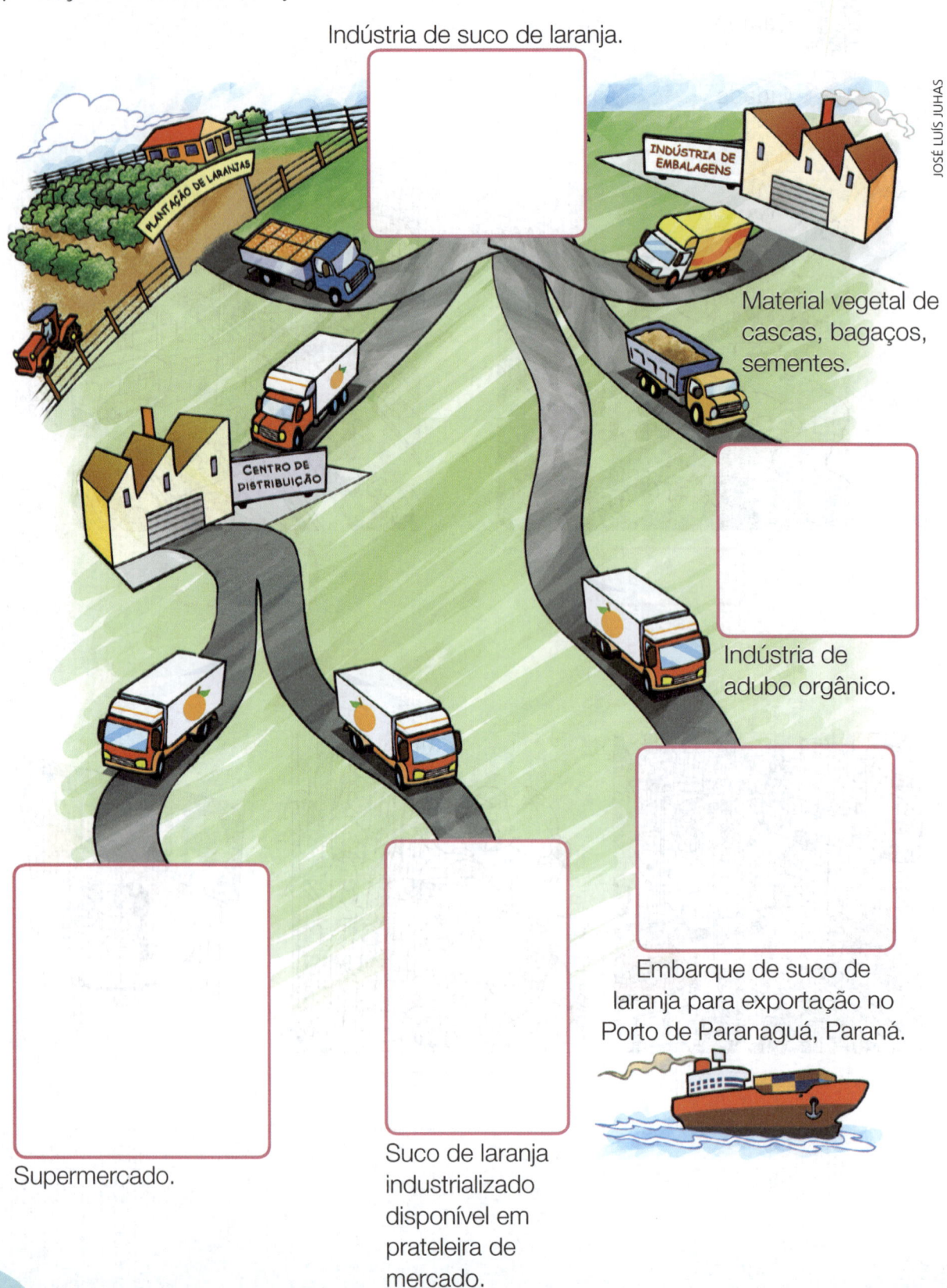

Indústria de suco de laranja.

Material vegetal de cascas, bagaços, sementes.

Indústria de adubo orgânico.

Embarque de suco de laranja para exportação no Porto de Paranaguá, Paraná.

Supermercado.

Suco de laranja industrializado disponível em prateleira de mercado.

Vamos reciclar!

Reciclar é importante e todos devem se organizar para realizar essa ação! Veja a seguir o processo de produção do papel até sua reciclagem.

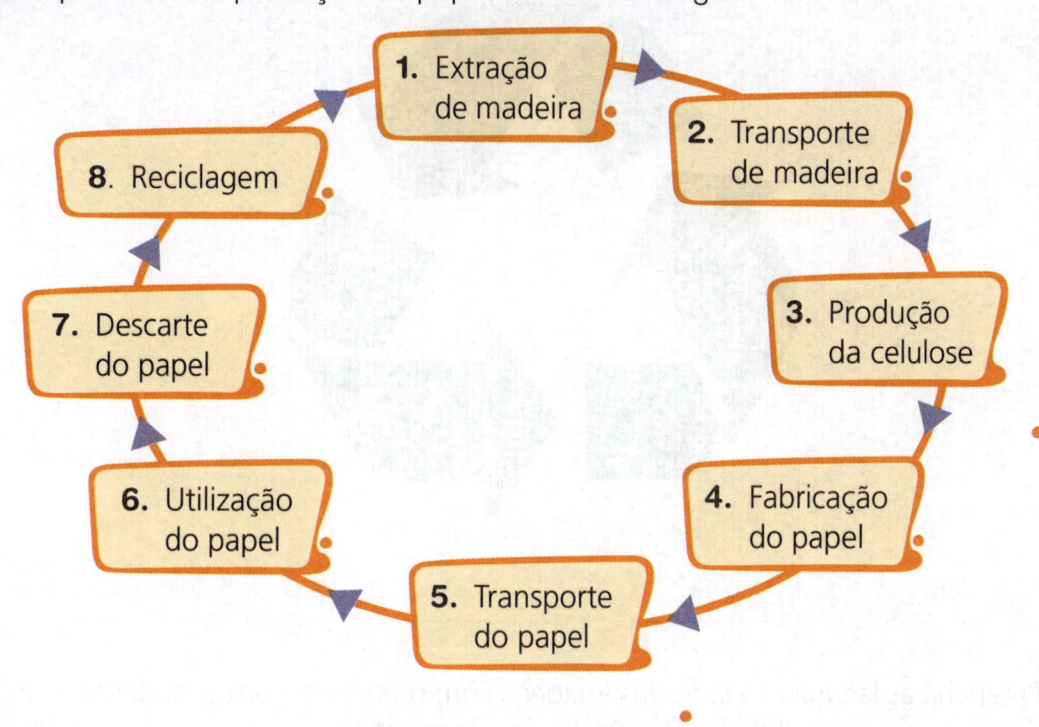

1. Extração de madeira
2. Transporte de madeira
3. Produção da celulose
4. Fabricação do papel
5. Transporte do papel
6. Utilização do papel
7. Descarte do papel
8. Reciclagem

O papel reciclado pode ser transformado em diversos produtos como papel higiênico, guardanapos, toalhas de rosto, papéis de embrulho, sacolas, embalagens para ovos e frutas, papelões, caixas de papelão, papel jornal e até papel para impressão offset (que pode ser usado em cadernos, livros, materiais de escritório, envelopes etc.).

Vantagens da reciclagem de papel

– Madeira: Uma tonelada de aparas pode substituir de 2 a 4 metros cúbicos de madeira, conforme o tipo de papel a ser fabricado, o que se traduz em evitar a derrubada de 15 a 30 árvores.

– Água: Na fabricação de uma tonelada de papel reciclado são necessários apenas 2.000 litros de água, ao passo que, no processo tradicional de fabricação do papel, este volume pode chegar a 100.000 litros por tonelada.

– Criação de Empregos: estima-se que, ao reciclar papéis, sejam criados muito mais empregos do que na produção do papel de celulose virgem, contando com os processos de coleta, triagem e classificação.

– Lixões: com a coleta de papel usado para reciclagem elimina-se grande parte do descarte que iriam, em muitos casos, para lixões que provocam a poluição ambiental.

Fonte: RICCHINI, Ricardo. Reciclagem industrial de papel. Setor de reciclagem.com.br. Disponível em: https://www.setorreciclagem.com.br/reciclagem-de-papel/reciclagem-industrial-de-papel/. Acesso em: 30 jul. 2022.

1 Você sabe o que significa este símbolo nas embalagens?

_____

2 Preencha as lacunas ao lado das imagens com o número correspondente a cada etapa do processo descrito de reciclagem de papel.

3 Na sua casa há separação do lixo para reciclagem?

_____

Adesivos para colar na página 101.

FUNDAÇÃO BIBLIOTECA NACIONAL, RJ

MUSEUS CASTRO MAYA/PHAN/MINC, RIO DE JANEIRO

Adesivos para colar na página 124.

Grupo Rancho Folclórico, de Portugal, faz apresentação. Foto de 2011.

Mulheres espanholas em apresentação de dança típica em Sevilha, Espanha, 2012.

Japonesas vestem roupas tradicionais, 2012.

Adesivos para colar na página 126.

Moqueca baiana, prato típico da Bahia, 2011.

Pato no tucupi, prato típico da Amazônia, 2011.

Sarapatel, prato típico do Nordeste, 2011.

Parte integrante da Coleção Eu gosto m@is – História e Geografia 4º ano – IBEP.

ADESIVO

Adesivos para colar na página 254.

264

Parte integrante da Coleção Eu gosto m@is – História e Geografia 4º ano – IBEP.